感受世界名城细部丛书

杉杉×芸茜 著

我还是向往
波士顿

上海交通大學出版社
SHANGHAI JIAO TONG UNIVERSITY PRESS

内容提要

本书是“感受世界名城细部丛书”之一。全书近四百张图片，从历史、教育、艺术、博物、商业、城市交通、公共设施等多个视角，用细致入微的视觉细节捕捉波士顿这座文化名城的人文格局与情怀。书后由三位知名文化学者杨扬、李若虹、琳琳引领读者在这座城市的书店与美术馆寻寻觅觅。本书图文并重，希望通过视觉感受与文字点染的结合，与你分享波士顿独特的城市气质。

图书在版编目(CIP)数据

我还是向往波士顿 / 杉杉，芸茜著. -- 上海 : 上海交通大学出版社，2018
ISBN 978-7-313-19751-1

Ⅰ. ①我… Ⅱ. ①杉… ②芸… Ⅲ. ①波士顿-概况 Ⅳ. ①K971.25

中国版本图书馆CIP数据核字（2018）第160805号

我还是向往波士顿

著　　者：杉杉　芸茜
出版发行：上海交通大学出版社　　地　　址：上海市番禺路951号
邮政编码：200030　　电　　话：021-64071208
出 版 人：谈毅
印　　制：上海锦佳印刷有限公司　　经　　销：全国新华书店
开　　本：710mm×1000 mm　1/16　　印　　张：13.25
字　　数：91千字
版　　次：2018年7月第1版　　印　　次：2018年7月第1次印刷
书　　号：ISBN 978-7-313-19751-1/K
定　　价：49.80元

序

芸苗

在波士顿的匆忙行走，因为匆匆太匆匆，尽是浮光与掠影。所幸的是，走之前有好朋友、好姐妹引荐了在当地生活多年的华人朋友。如果没有他们的“导游”，很难想象此书能完成。此行尽管仓促，也是一次奇妙的识人之旅，认识了不同领域的新波士顿人。他们从不同的角度引领我们去认识与欣赏这座城市，给我的强烈印象是，波士顿太令人向往了！每位新波士顿人仿佛都是这座文化名城的一张靓丽名片。异国他乡的月亮明亮通透地照在他们人身上，透过他们，也温润如玉地照在了我这个匆匆过客身上。

冀荣和乔宁夫妇在美国二十多年了。他们都是理工科出身，曾供职于国内科研单位，出国后起先也不在波士顿，最后选择了落脚此地。他们带着我们参观了著名的韦尔斯利女校，走遍了女校的角角落落。女校的名气很大，毋庸赘述，而其中细节真需要他们来介绍。我至今还清晰地记得，他们指着一栋栋雍容典雅的老式建筑，告诉我们这些竟然是学生宿舍，你们能够相信吗？宿舍位于学校的最好地带，依山傍水，充分体现了学校对学生生活的关心和重视。他们夫妻二人经常热心地尽地主之谊，带着各路初来乍到的国内访客参观波士顿。可以想见，他们对于波士顿某处细节的称道，因为发自内心，所以令人会心。晚上，他们夫妻带着老母亲和我们一起在唐人街的小南国吃饭，那里粤菜非常地道，最后一道腊味煲仔饭喷香可口，令人记忆犹新。乔宁母亲是1950年代的交大工科毕业生，很有老派知识分子的味道，她到波士顿后住在政府配套的老人公寓里，说起异国的公寓生活，那真是打开了话匣子，侃侃而谈，满脸的称心如意。得知我们此行是带着写作任务的，他们都替我们发起愁来。

第二天，董和先生出现了。他又带我们分两天走了MIT和北桥一带。记得在MIT的时候，我们都快累趴下了，董先生却依然兴致盎然，还打算带我们感受更多的细节，可见他对于MIT是多么情有独钟。董先生是1990年代从北大考出去的，一路讲起MIT

都是如数家珍，娓娓道来，十分幽默。因为董和的夫人是MIT的终身教授，我们还有幸深入腹地，参观了传说中“大牛”的办公室和实验室。他自豪地说，这些办公室和实验室相比当下国内的，设施要普通得多，却催生了世界一流的科研成果。虽然董夫人是MIT很罕见的华裔终身女教授，但我更印象深刻于她作为三个孩子母亲的那种浓浓的母性，以及在注视董和时闪闪发亮的眼睛，充满了欣赏与钦慕。那种想象中科研女强人的气质，和她毫不沾边；倒是她劳作且幸福着的气息，让我们颇受感染。

董先生带着我们走北桥的时候，他说，你能够想象一个城市为一个牺牲的侵略者树碑吗？我们当然不能想象，因为这就是中西文化的差异——在我们的文化里，“牺牲”这样的词汇绝不会用在入侵者身上。这种差异既产生了距离与隔膜，也产生了想象与神往。而文化的张力，正在于巨大的差异，波士顿无疑是让你处处感到差异的所在。

此行的前一阶段都是理工科背景的朋友带我们逛波士顿，后一阶段变成了波士顿艺术界人士。回想一下，我和同事杉杉的组合还真是相得益彰，我这边的朋友都偏理工科，她的朋友都很文艺，正好带我们领略城市的不同侧面。神似“天后”王菲的艺术家陈筱薇带领我们参观了伊莎贝拉博物馆、哈佛博物馆、奥本山公墓等地。由她引领我们浸润在这浓浓的艺术气氛中真是再合适不过了。她身上有一种现代艺术家的紧张与不安。这些地方她每年都不止去一回，每次去都有不同的收获。她还告诉我们，在墓地有一棵属于她的树，她会和它说说悄悄话。这个情节很文艺，让我想起王家卫的《花样年华》，有点遗憾自己在上海二十年，没有交到一个可以倾诉的树友。和城市的交情，也许就体现在一座令人眷恋的博物馆，一棵可以倾诉的树上。

此行最放松的行程莫过于艺术家谢建鲲带我们去古旧市场和梭罗故居、雕塑公园了。古旧市场竟然是超市式自助购物，于是心满意足地淘得珍珠手链一条；在梭罗故居发现自己居然比梭罗雕塑高半头，梭罗真是一个标准的小老头，波士顿没有打算把他造成一个神。

在建鲲家的晚餐聚会，让我对新波士顿人的日常生活有了一些温馨的触摸。一群来自中国的艺术家，在波士顿的短暂萍聚，本身就很动人，且弥足珍贵。地球村的概念，在波士顿这样的文化名城，早已就是家常了。

要抓住波士顿的这些浮光掠影，并把它用文字贴切地呈现出来，就需要超越命题作文的格局了。本书宽泛的写作对象就是波士顿细部，但如何表达对波士顿的印象？我感到，用“向往”比较贴切，因为这个词带有某种精神和思想的高度。波士顿新移民们用他们最质朴动人的方式，向我们传达了这种思想和精神：波士顿这个城市，它所具备的气质与精神，是值得人们向往的。

这个城市，有十分优良的美国革命传统。这种传统和历史一直被当地政府小心翼翼地保存着，并不断发扬光大。它不是被单单写在历史教科书上，而是可以被身体力行、被随时感应的。矗立在街头的每一块纪念碑、每一个雕塑，都有其潜移默化的教化意义。

说到教育，更是波士顿的亮点，那么多名校，都有各自的办校理念，都低调而丰富，充分考虑孩子的自我与发展，让孩子不必赢在起跑线上。

可以毫不夸张地说，我很少如此清晰地看到一个城市的昨天、今天和明天。而波士顿就是这样的城市，过去和现在交相辉映，让你对它的未来信心百倍。还有比这样的城市更令人向往的吗？

为了这本小书，我把书上的、网上的波士顿都生吞活剥了一遍，不求熟烂于心，只求呼之即出。本书的文字大部分由本人负责，文责自负，欢迎读者批评指正。

本书的图片由同事杉杉拍摄。每到一处，杉杉就如同小鹿一般从车子里跳出去，身手敏捷地咔擦咔擦拍上一通；而全书图配文的编排工作，也均由她完成。相比动作麻利的杉杉，我都是慢吞吞的，仿佛一头大象，等待着属于波士顿的诗意突然来袭。我的迟迟的定稿，也是一种不忍告别，仿佛写下最后一个字，我的波士顿之旅就宣告结束了。如果让我许下一个心愿，那就是，我要重返波士顿，在有生之年。

是为序。

芸 茜

2017.10.27

目录

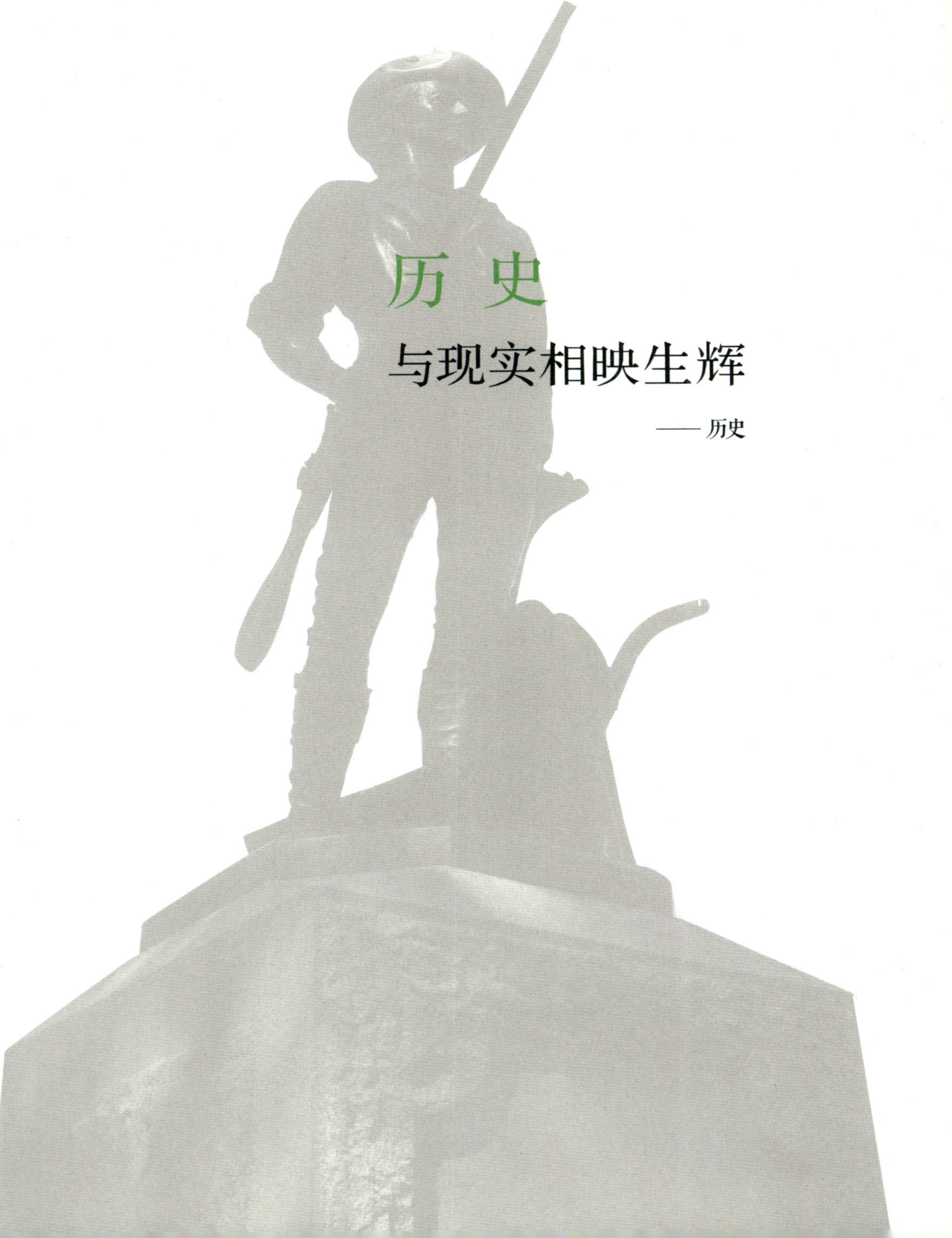

历 史

与现实相映生辉

——历史

自由之路是认识波士顿的最好起点
沿途的历史遗迹
让你不断从现实生活的节奏里
切换到历史的频道
这样的用心
可谓良苦

1951 年，波士顿的一位知名记者
威廉·斯科菲尔构想
通过一条红线让所有人以步行的方式
畅游波士顿城市风光
进一步了解美国历史起源
竟然得到了政府的高度支持
自由之路由红砖铺成，全程三公里
起点为波士顿公园
终点为邦克山纪念碑
沿途经过了 16 个历史遗迹
其中包括 17、18 世纪的房舍、教堂和
美国独立战争遗址
是波士顿历史发展的重要之路

行走在波士顿

感觉美国的历史人物总会突如其来地

跳入视野

无论是在关键时刻创造历史的小人物

还是呼风唤雨振聋发聩的大人物

都有他们的一席之地

人民没有将他们忘记

梭罗的木屋特别简陋
应该说基本还原了历史真相
修旧如旧
是对历史的尊重
关于梭罗的各种活动
以及各种调查和研究计划
都显现着梭罗的精神价值
其人虽逝
其屋虽破
其精神感召
大家都从全球各地
到这荒郊野外来瞻仰
来瓦尔登湖戏水的人
一脚还在现实的土壤之上
一脚便踏入了历史的河流

你们被祝福了
瓦尔登湖是名扬全球的湖
因为住过梭罗这个小老头
有多小
根据雕塑显示
最多一米六
可他的哲思穿越了古今
至今仍如同我国的孔子一般
不断被诠释
不断被戏说
不断焕发勃勃生机

遥想当年
梭罗就是在此达到了天人合一的境界
仰面向苍天的龟
仿佛在追寻梭罗的沉思与遐想
充满了哲人的意境

爱默生故居

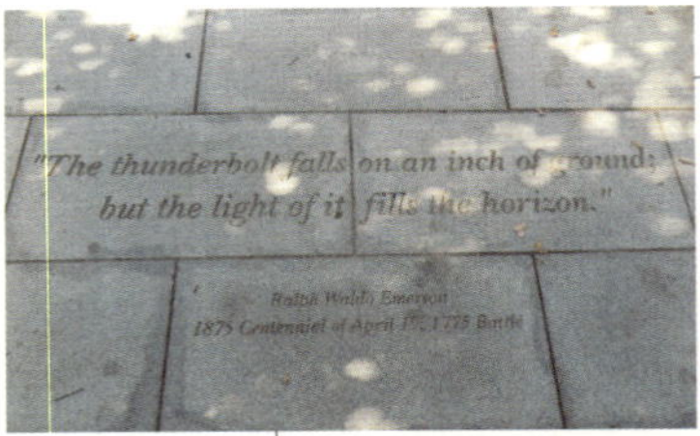
"The thunderbolt falls on an inch of ground;
but the light of it fills the horizon."
Ralph Waldo Emerson
1875 Centennial of April 19, 1775 Battle

Welcome to
The Old Manse
The Trustees is Massachusetts' largest conservation and preservation organization.
Join today - share in the benefits of membership at 100+ inspired places statewide.

爱默生故居也全无一点奢华的迹象

灰白色调

倒是门前的花草树木郁郁葱葱

正可以用他的诗句表达：

在这阳光灿烂的夏天

吸入这样的生命气

是一种多么奢侈多么豪华的享受啊！

草在生长，芽在萌发，

草地上点缀的花朵，

具有着火焰与黄金般的颜色。

天空中有无数的飞鸟，

空气中飘逸着松脂，

香膏和新堆起来的草垛发出的清香……

Closed

Welcome to
The Old Manse
stroll
observe
discover
The residents of the Old Manse witnessed history on April 19, 1775, when British and American troops fought outside their windows.
Visit us inside to learn more about our unique house tours or to shop our specialty bookstore.
OPEN DAILY:
Mid-April – October
OPEN WEEKENDS ONLY:
November – Mid-April
Ralph Waldo Emerson
thetrustees.org
Thanks for visiting today!

保罗·热维尔故居

这座不起眼的灰色木楼
是波士顿城中最古老的建筑
也是波士顿现存最后一所 17 世纪结构的房子
当过银匠、雕刻师、印刷工的爱国者保罗·热维尔
1770-1800 年住在这里
这里仍完好保留着当年的生活用品
保罗·热维尔政治生涯的最亮点是
1775 年 4 月 18 日那天晚上
他接到约瑟夫·沃伦的命令
穿过查尔斯河，策马奔向莱克星顿
提醒塞缪尔·亚当斯和约翰·汉考克
英国军队正在前往康科德的路上
避免了革命军在毫无准备的状况下被英军偷袭

GRAVE OF BRITISH SOLDIERS
THEY CAME THREE THOUSAND MILES AND DIED
TO KEEP THE PAST UPON ITS THRONE:
UNHEARD, BEYOND THE OCEAN TIDE,
THEIR ENGLISH MOTHER MADE HER MOAN.
APRIL 19 1775

为“侵略者”——第一个英军阵亡士兵立碑

康科德镇北桥

英军士兵墓前的花环不时有人更换，任人凭吊

他是战败沙场的敌人

但胜利者却毫不吝啬对每一位斗士的褒扬与同情

莱克星顿的枪声纪念碑

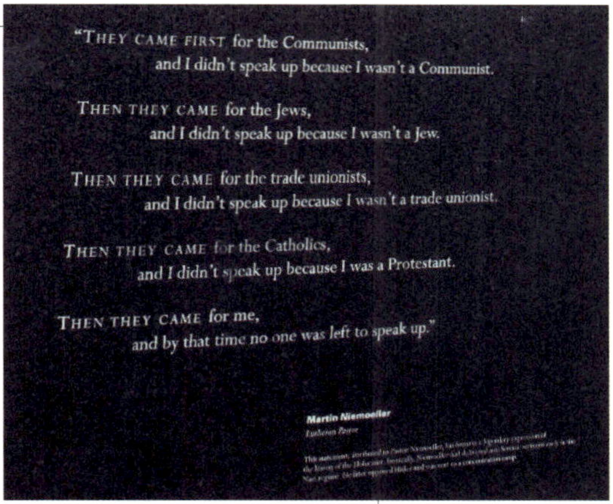
"THEY CAME FIRST for the Communists,
and I didn't speak up because I wasn't a Communist.
THEN THEY CAME for the Jews,
and I didn't speak up because I wasn't a Jew.
THEN THEY CAME for the trade unionists,
and I didn't speak up because I wasn't a trade unionist.
THEN THEY CAME for the Catholics,
and I didn't speak up because I was a Protestant.
THEN THEY CAME for me,
and by that time no one was left to speak up."
Martin Niemoeller

纳粹杀共产党时，
　　我没有出声
　　——因为我不是共产党员；
接着他们迫害犹太人，
　　我没有出声
　　——因为我不是犹太人；
　　然后他们杀工会成员，
　　我没有出声
　　——因为我不是工会成员；
　　后来他们迫害天主教徒，
　　我没有出声
　　——因为我是新教徒；
　　最后当他们开始对付我的时候，
　　已经没有人能站出来为我发声了。

波士顿犹太人大屠杀遇难者纪念碑

波士顿犹太人大屠杀遇难者纪念碑位于波士顿市中心的小公园中，由六座玻璃空心塔组成，纪念碑著名的铭文诗（牧师马丁·尼莫拉的忏悔）发人深省。

碑文——“Neither shall there be any more pains”

纪念 1846 年世界上第一次在波士顿总医院使用乙醚麻醉做手术

为乙醚建立的纪念碑

饱含对于生命的敬意

一种减轻人类痛苦的药品

必然是神一样的存在

Collier's Cranes
The thousands of white paper cranes suspended above were individually folded and arranged as a tribute to Officer Sean Collier, who lost his life protecting our campus in April 2013. Contributions of cranes came from across the MIT community and beyond, including from students, faculty, alumni, and friends from throughout the greater Boston area. Officer Collier was a friend to all, and he is greatly missed.
This hack was installed in April 2014 to honor Officer Collier on the anniversary of his sacrifice. For more information on this display, please visit cranes.mit.edu.

波士顿警察纪念碑

253-1212
155
TVDC 105

一个平凡的警察
在执行公务的时候
遭遇了意外
一个城市
为他感到悲伤
建造了特别的雕塑
折起千纸鹤为他祈祷
让大家在这里驻足沉思
你所拥有的平静生活
其实很昂贵
是需要别人用生命去捍卫的

烧毁的宿舍立柱成为校史的纪念碑

这些残垣断壁是纪念吗?

一百多年前的一次火灾

谁能说出具体时间

纪念碑徐徐道来

在 1914 年 3 月 17 日

大火烧毁了学校大厅

剩下这些柱子

让人追忆起

学校最初创办的 1875 年

学生才区区 314 名

没想到的是

这纪念碑是 1917 年由一个班级建立的

学生们刻下了上面那些事件的精确数字

从此

他们将过去与未来对接

我们既感受到火灾的残酷

也感受到历史的丰厚

以及人们保存历史细节的自觉

These pillars are from College Hall
the original college building
which stretched along the brow of this hill
for nearly an eighth of a mile
It was opened to the first 314 students
on September 8,1875
It burned from end to end on March 17 1914
This memorial given by
The Class of 1917

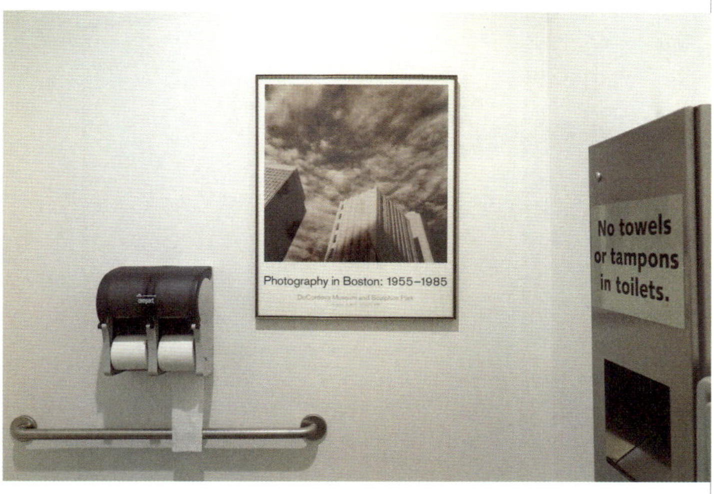

洗手间里的艺术摄影

也与波士顿息息相关

也许只有这样

才记得住历史

记得住

因为朝夕相处

因为已经融化在空气里

enMotion
Georgia-Pacific
Motion Activated
OBSERVATION AND FANTASY: THE ART OF ARTHUR SPEAR
Please be considerate of other visitors!
No dog waste in the trash.
Please wrap diapers tightly.
THANKS!

不必
让孩子赢在起跑线上

——教育

波士顿的名校很多
但所有学校的大门都
出乎意料得小
很不起眼
毫无高门大户的压迫感
更没有门卫
似乎在暗示
它们拥有海纳百川的胸怀

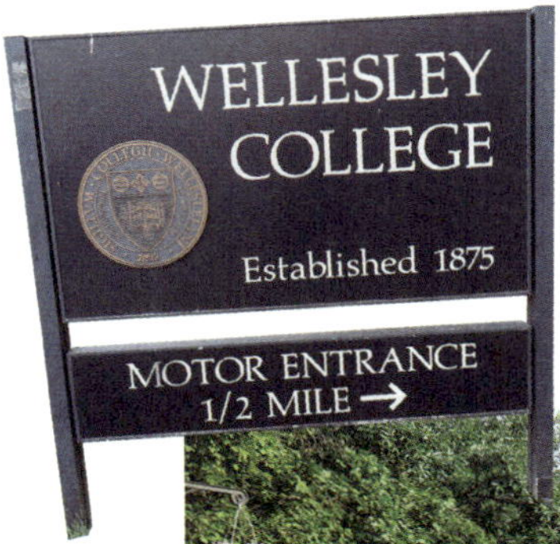
WELLESLEY COLLEGE
Established 1875
MOTOR ENTRANCE 1/2 MILE →

比如哈佛这样的名校
会在学校大门上突显校训
时刻不忘辐射自己的治学精神

后现代『极客』风的MIT

32号楼东倒西歪
其创意为一群喝醉了的机器人
是MIT计算机科学和人工智能实验室的大本营
据说里面几乎没有垂直的墙
楼道忽宽忽窄
在里面迷路也不奇怪
学校对于学生的怪点子
都是见怪不怪、兼容并蓄
甚至还有意无意鼓励他们：
特立独行成为自己

进出宿舍需要刷卡
宿舍位置都很棒
环境宜人，建筑宏伟
因为学生真的是
学校的花朵

韦尔斯利学生的座右铭——“追求卓越是一种习惯”“说出你想说的话，尽管你的声音发颤”“治人必先治于人”。

MARGARET CLAPP
1949 - 1966
PAINTER · WILLIAM DRAPER
JULIA IRVINE
1894 - 1899
PAINTER · GARI MELCHERS
DIANA CHAPMAN WALSH
1993-2007
ARTIST - STEVEN POLSON

女校长墙令人震撼
在巨大空旷的展示厅里
历任校长的画像都被高高悬挂
威严不可侵犯
知识女性地位的彰显
是女权主义的胜利
是现代文明的胜利
每幅画像下方
都注明了校长的在任时段
以及肖像作者

“花之物语”活动尽显女校优雅
昔日的教堂风采依旧
如今成为大型活动的聚会场所
在这样古老的教堂里开展活动
感觉有多么神圣

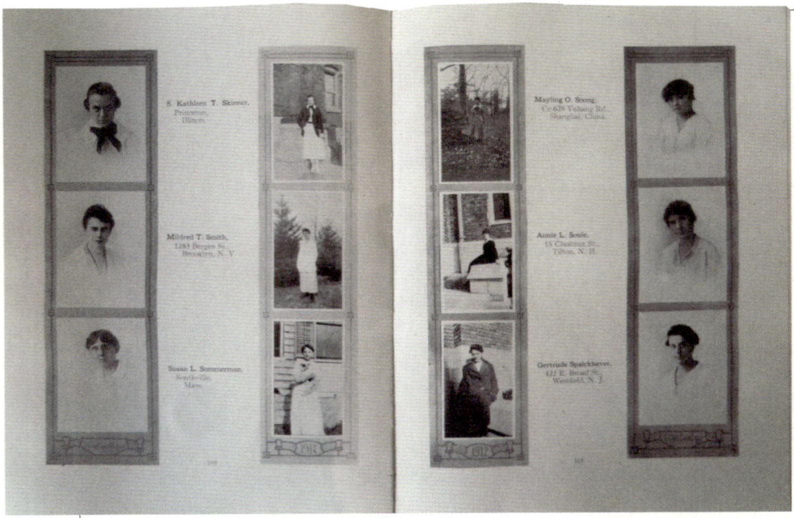

第一夫人的摇篮

宋美龄、冰心也曾就读于此

韦尔斯利的使命——为每一个要在世界上

创造不同的妇女提供最好的教育

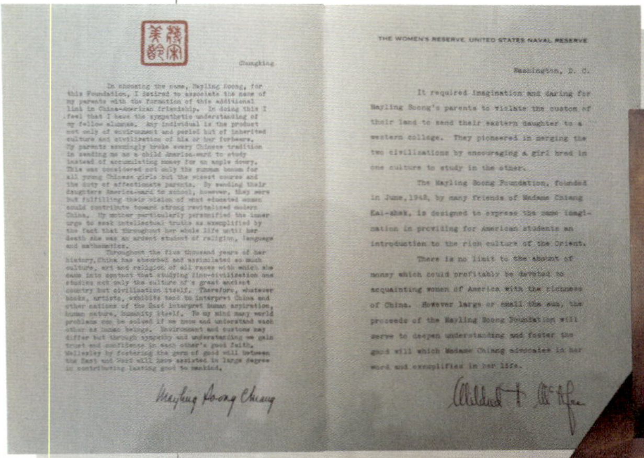

宋美龄

Chungking

In choosing the name, Mayling Soong, for this Foundation, I desired to associate the name of my parents with the formation of this additional link in China-American friendship. In doing this I feel that I have the sympathetic understanding of my fellow alumnae. Any individual is the product not only of environment and period but of inherited culture and civilization of his or her forbears. My parents seemingly broke every Chinese tradition in sending me as a child America-ward to study instead of accumulating money for an ample dowry. This was considered not only the summum bonum for all young Chinese girls but the wisest course and the duty of affectionate parents. By sending their daughters America-ward to school, however, they were but fulfilling their vision of what educated women could contribute toward strong revitalized modern China. My mother particularly personified the inner urge to seek intellectual truths as exemplified by the fact that throughout her whole life until her death she was an ardent student of religion, language and mathematics.

Throughout the five thousand years of her history, China has absorbed and assimilated so much culture, art and religion of all races with which she came into contact that studying Sino-civilization one studies not only the culture of a great ancient country but civilization itself. Therefore, whatever books, artists, exhibits tend to interpret China and other nations of the East interpret human aspiration, human nature, humanity itself. To my mind many world problems can be solved if we know and understand each other as human beings. Environment and customs may differ but through sympathy and understanding we gain trust and confidence in each other's good faith. Wellesley by fostering the germ of good will between the East and West will have assisted in large degree in contributing lasting good to mankind.

Mayling Soong Chiang

THE WOMEN'S RESERVE, UNITED STATES NAVAL RESERVE

Washington, D. C.

It required imagination and daring for Mayling Soong's parents to violate the custom of their land to send their eastern daughter to a western college. They pioneered in merging the two civilizations by encouraging a girl bred in one culture to study in the other.

The Mayling Soong Foundation, founded in June, 1942, by many friends of Madame Chiang Kai-shek, is designed to express the same imagination in providing for American students an introduction to the rich culture of the Orient.

There is no limit to the amount of money which could profitably be devoted to acquainting women of America with the richness of China. However large or small the sum, the proceeds of the Mayling Soong Foundation will serve to deepen understanding and foster the good will which Madame Chiang advocates in her word and exemplifies in her life.

校园海报一张压着一张
社团活动很是活跃
各自遵守着
“不可完全覆盖别人海报”的不成文规则

创新创意的氛围浓郁芬芳

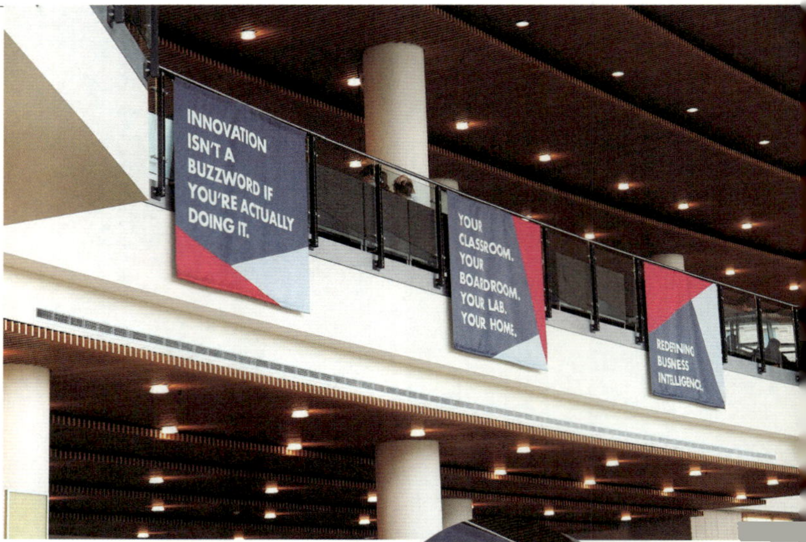
INNOVATION ISN'T A BUZZWORD IF YOU'RE ACTUALLY DOING IT.
YOUR CLASSROOM. YOUR BOARDROOM. YOUR LAB. YOUR HOME.
REDEFINING BUSINESS INTELLIGENCE.

鼓励大家交锋碰撞

形成头脑风暴

关于创新创意的大幅标语

让人感到非要绞尽脑汁

有所突破不可了！

INNOVATION ISN'T A BUZZWORD IF YOU'RE ACTUALLY DOING IT.

YOUR CLASSROOM. YOUR BOARDROOM. YOUR LAB. YOUR HOME.

REDEFINING BUSINESS INTELLIGENC.

“教师墙”上有教师家族的小 BABY 照片
更有师生互动的各种场景
这些是学生们自发为老师打造的

捐赠文化随处可见

对捐赠人的敬意
是捐赠文化的核心
因为这种敬意
产生了形形色色基于
捐赠文化的艺术
这种艺术值得大力推广
勿以善小而不为
可以吸引更多的人加入
慈善和捐赠的队伍

和普通人近在咫尺的 MIT 实验室没有那么神秘

甚至还有些我国 1980 年代实验室的陈旧之感

但它毫无疑问催生了世界一流的发明创造

奥巴马参观 MIT 实验室

情不自禁留下“到此一游”的签名

不像食堂的学生食堂

学生食堂引进了品牌餐饮
价格却相当亲民
很多连锁店的价格反而低于校外
食堂视野开阔，更像休闲餐厅
是可以交流谈心的好地方

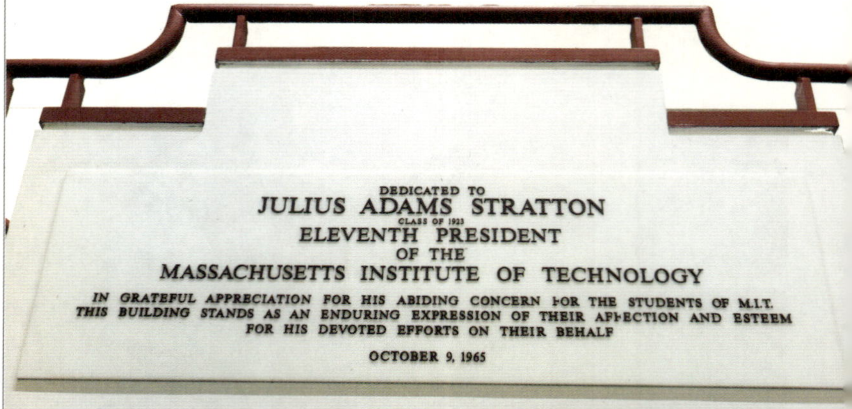
DEDICATED TO
JULIUS ADAMS STRATTON
CLASS OF 1923
ELEVENTH PRESIDENT
OF THE
MASSACHUSETTS INSTITUTE OF TECHNOLOGY
IN GRATEFUL APPRECIATION FOR HIS ABIDING CONCERN FOR THE STUDENTS OF M.I.T.
THIS BUILDING STANDS AS AN ENDURING EXPRESSION OF THEIR AFFECTION AND ESTEEM
FOR HIS DEVOTED EFFORTS ON THEIR BEHALF
OCTOBER 9, 1965

科普教育长廊
是 MIT 展现科技特色
的一个窗口
类似一个大众科技馆
为科普教育提供了
一种尝试

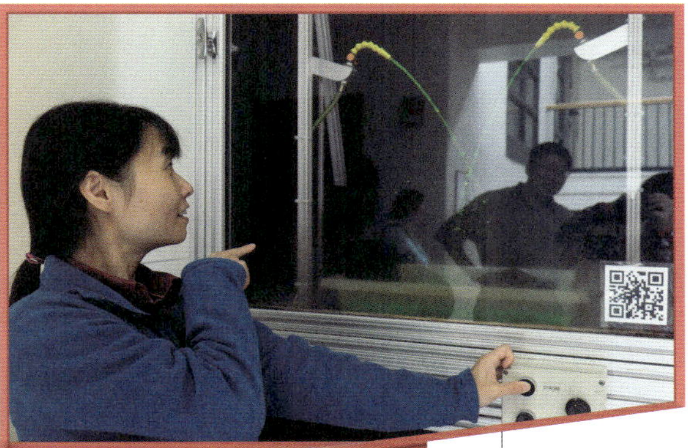

MIT
POLICE

MIT
POLICE

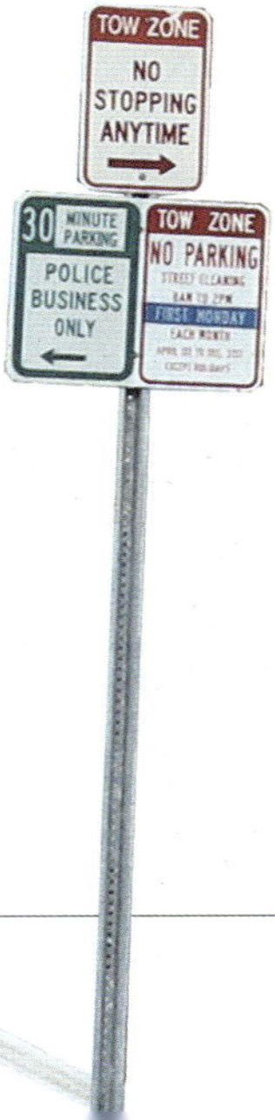
TOW ZONE
NO
STOPPING
ANYTIME
30 MINUTE PARKING
POLICE
BUSINESS
ONLY
TOW ZONE
NO PARKING
STREET CLEANING
FIRST MONDAY
EACH MONTH

绿藤缭绕的艺术幼儿园

颇有些神秘感

里面也是如此绿森森吗?

让人想起爱丽丝仙境的那个洞口

这个“高智二代”的幼儿园
对富人和普通人采取不同的名额分配
从而使入学机会均等

个性在这里彰显

每个班级门口，都有各班自己制作的留言板

每个小朋友的储物箱都有属于自己的设计签名

在每个小小的自我里

发展一个大大的宇宙

教室一侧的小阁楼
用于解决
小朋友之间的纠纷
两个孩子发生了冲突
会由第三个孩子出面进行调解
这样的场景
类似于美国成年人习惯于找律师讲理
法律意识从娃娃抓起
我们两个“歪果仁”开了眼界

孩子们不但学习知识，也要学习相处

CHILDREN AS
EXPLORERS
Nature Walks
"We need nature walks to find interesting things."
Zaineddeen, Studio Purple

孩子们，快来一起科学探险吧！

城市雕塑公园的儿童活动区
是儿童可以主动参与
并身临其境的地方
你可以扮演各种角色：
探险家、植物学家、气象学家、观察者……
儿童教育的细节无处不在
孩子们有无限可能
雕塑公园所需要提供的就是
探险的土壤和必要的鼓励
鼓励他们成为各种“家”

CHILDREN AS
SCIENTISTS
in a Natural World
July 2 - November 2, 2016
We have such a brief opportunity to pass on to our children our love for this Earth, and to tell our stories. These are the moments when the world is made whole. In my children's memories, the adventures we've had together in nature will always exist.
Richard Louv
Last Child in the Woods: Saving Our Children from Nature-Deficit Disorder
Biologists, meteorologists, naturalists, observers, and explorers.
These are all titles that apply to children everywhere—young scientists constantly examining and processing the natural world around them. At both deCordova Sculpture Park and Museum and Lincoln Nursery School, this mindset is encouraged in our youngest citizens and in grown-ups alike. This exhibition is designed to inspire visitors of all ages to take in the exciting natural world that surrounds us every day using Lincoln Nursery School's exploratory methods and discoveries as a starting point.
Walking, close looking, reconstructing, utilizing the senses, and rainbow chasing are just some of the ways we hope visitors will engage with nature here at deCordova, and beyond. The world is filled with fascinating things just waiting to be discovered. Slowing down your pace to examine and experiment will help you catch them, too.

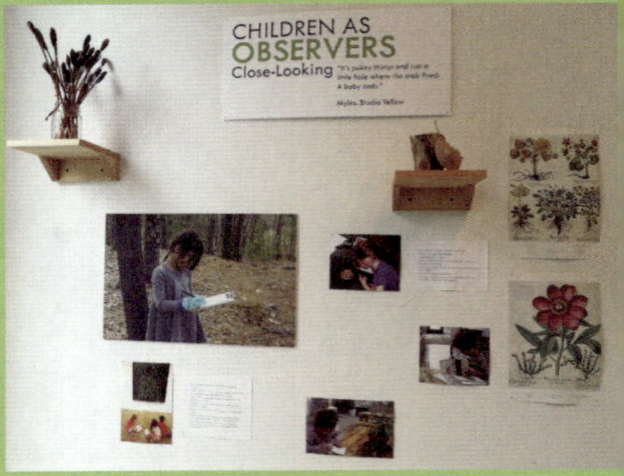
CHILDREN AS
OBSERVERS
Close-Looking

CHILDREN AS
BIOLOGISTS
The Laboratory

建立
对世界空间的感知

——艺术与博物

ISABELLA
STEWART GARDNER
MUSEUM
NAME
ADDRESS
CITY/STATE/ZIP
EMAIL
THIS CARD DOES NOT ADMIT HOLDER TO TICKETED EVENTS AND IS NOT TO BE SOLD FOR COMMERCIAL PURPOSES. EXPIRES DECEMBER 31, 2017

UNIVERSITY MUSEUM
HARVARD MUSEUM OF NATURAL HISTORY

哈佛大学博物馆镇馆之宝——玻璃花

这些可以乱真的玻璃制作的花
源于德国艺术家
索欧包尔德·布莱斯契卡和
鲁道夫·布莱斯契卡父子之手
我感到不可思议的是
这些德国艺术家的作品
为何飘洋过海
在哈佛大学大绽光彩

OLEACEAE
Jasminum sambac
Arabian Jasmin

ASPLENIACEAE
Asplenium scolopendrium

原来

一百多年前

一位哈佛教授提议

既然建立了植物博物馆

要让学生了解各种植物

就要原汁原味地将每种植物的形状保存下来

于是就费尽周折引进了德国艺术家父子

由于他们的手艺后继无人

成为一种绝技

因此存世的玻璃花

穿越时间永不凋零

成为花中的花、艺术中的艺术

Field Collecting, 1892
This photograph of Rudolf Blaschka (right) and botanist William Ganong (left) was taken in 1892 during one of several field trips to the Caribbean and United States. In order to create accurate models, Rudolf observed and collected specimens, made drawings and took detailed notes to document plant forms and colors. The Blaschkas used field specimens as references for 312 of the models created for the collection.
Collection of the Rakow Research Library, The Corning Museum of Glass, Corning, New York

这样的情景让人想到那句名言
给我一个支点
我能够撬动地球
如果模仿一下
可以设想：
给我一个哈佛
我能够引进所有才华横溢的人
仅一位教授
就催生了一个让全世界叹为观止的艺术馆

不到长城非好汉
到了哈佛
才知“教授治校”绝非虚谈
玻璃花艺术馆就是铁证
那对德国父子
如果在德国可能就是籍籍无名的匠人
他们的命运不过是为
贵族人家提供可有可无的装饰
到了哈佛就成为价值连城的艺术家
独一无二不可替代
巧夺天工无与伦比
他们艺术的魅力传播久远
成为全世界
艺术家和大众争相探访的“神迹”

如果说有一点遗憾
那就是他们的艺术
他们的工匠精神还是失落了
工业文明的巨流
还是淹没了这种贵族时代诞生的
精雕细刻唯美繁复
我们的幸运
就是看到一百多年前的各种植物
在玻璃的形体里
获得永生
当年的制作工具
整整齐齐摆放在那里
仿佛在等待那对父子的归来
无可奈何人逝去
似曾相识花依然
这样的徒唤是玻璃花艺术馆的细节一种
徒唤一片苍凉
笑看繁花灿烂

Labradorite

有的像海藻
有的像刺猬
有的像菊花
有的像白巧克力
有的像棉花糖，还有的像冰糖葫芦
像云朵的，像面条的……
更多的
是光怪陆离，见所未见

Grossular
Morelos, Coahuila
Mexico

Mesolite
Pashan Quarries, Poona
Maharashtra
India

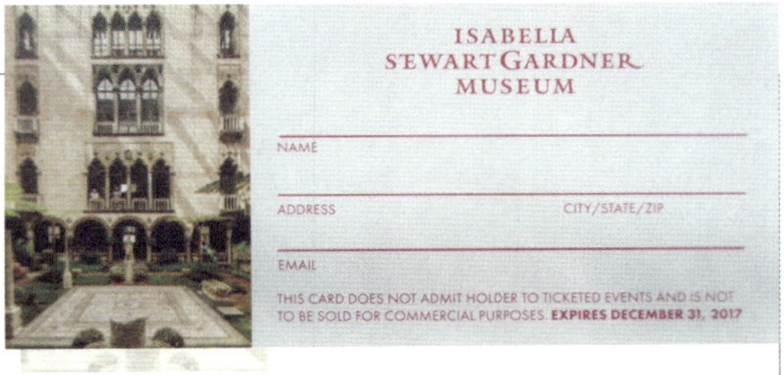
ISABELLA
STEWART GARDNER
MUSEUM
NAME
ADDRESS
CITY/STATE/ZIP
EMAIL
THIS CARD DOES NOT ADMIT HOLDER TO TICKETED EVENTS AND IS NOT TO BE SOLD FOR COMMERCIAL PURPOSES. EXPIRES DECEMBER 31, 2017

波士顿的『钻石』——伊莎贝拉·斯图尔特·加德纳博物馆

这所以收藏家个人名字命名的

美国最早、最成功、最具特色的博物馆

1903 年元旦开始迎接第一批访客

博物馆如此现代的大门，走进去，撞见一个古典又精致至极的庭院

整栋房子里都是价值连城的艺术品

从建筑到室内都神秘幽深

遵照伊莎贝拉女士遗嘱：不动家里的一草一木

所有的东西都和她去世前一模一样

于是我们欣赏艺术品的同时

也一脚踏入了一百多年前

美国社会名流的生活场景

有人说过
中国人从博物馆窥探古老时间的秘密
美国人却在博物馆建立世界空间的感知
当中国人还沉醉在往昔的荣光之中
美国人的足迹已经踏遍全球每个角落
顺带斩获各国文物
参观这样的博物馆
不免有一些义愤
仿佛眼睁睁看着他把咱家的东西搬到他家
还堂而皇之地售票展示
心下嘀咕：
当他把世界都搬到自家地方
是否也有些许关于文化的不安与焦虑？

CHRISTIAN MARCLAY
THE CLOCK
A masterpiece of video art, The Clock comprises thousands of brief clips borrowed from movies and television in which a clock is pictured or the time is mentioned. The work marks real time as it passes; synchronized to the time zone in which it is exhibited, it serves as a timepiece in its own right. Working with a team of research assistants for three years, artist Christian Marclay pieced together samples from many genres and periods of the moving image. In doing so, he created a time capsule of cinematic history that pays tribute to countless actors, directors, and composers. Its 24-hour duration allows us to experience the cinematic archetypes of human life at particular times of day. The piece has no beginning or end and no overarching narrative, but it contains countless fictions within its fragments.
Movies and television shows ask viewers to suspend disbelief for a certain period of time. Here we may begin to get lost in the brief stories unfolding onscreen, but Marclay's montage snaps us back to reality, minute by minute. Marclay, also a DJ, has long incorporated moving images and music in his artwork. He has said, "Time is at the center of everything we do. As much as it is an artificial construct—in some ways it's pretty abstract—it is a reality that we all sync to, and we conduct our lives to that rhythm."

D'où Venons Nous
Que Sommes Nous
Où Allons Nous

艺术品修复

不应该是一件

在暗室里的神秘活动

而应该是

这样一种日复一日的

可以被欣赏、被交流、被传播的劳作

这种劳动看上去平凡琐碎

而锲而不舍方见精神

VISIBLE LIGHT
(Saint Christopher)
UV
IRR
X-RAY

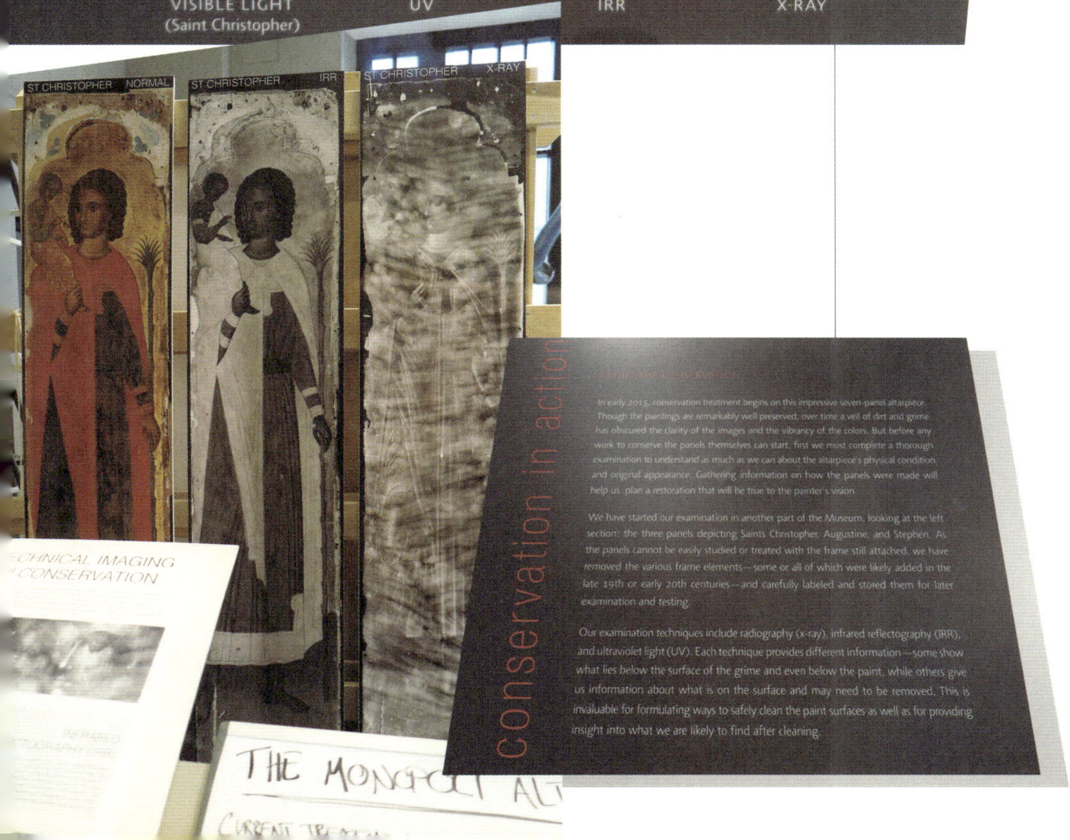
ST CHRISTOPHER NORMAL
ST CHRISTOPHER IRR
ST CHRISTOPHER X-RAY
THE MONGOLI AL
conservation in action
In early 2015, conservation treatment begins on this impressive seven-panel altarpiece. Though the paintings are remarkably well preserved, over time a veil of dirt and grime has obscured the clarity of the images and the vibrancy of the colors. But before any work to conserve the panels themselves can start, first we must complete a thorough examination to understand as much as we can about the altarpiece's physical condition and original appearance. Gathering information on how the panels were made will help us plan a restoration that will be true to the painter's vision.
We have started our examination in another part of the Museum, looking at the left section: the three panels depicting Saints Christopher, Augustine, and Stephen. As the panels cannot be easily studied or treated with the frame still attached, we have removed the various frame elements—some or all of which were likely added in the late 19th or early 20th centuries—and carefully labeled and stored them for later examination and testing.
Our examination techniques include radiography (x-ray), infrared reflectography (IRR), and ultraviolet light (UV). Each technique provides different information—some show what lies below the surface of the grime and even below the paint, while others give us information about what is on the surface and may need to be removed. This is invaluable for formulating ways to safely clean the paint surfaces as well as for providing insight into what we are likely to find after cleaning.

让这种精神被游客直观感知
更体会到自己所欣赏的艺术品
是多么来之不易
多么神奇伟大

CONSERVATION IN ACTION

Hanabusa Itchō (1652–1724) was a rebellious cultural icon: a painter, poet, and entertainer. At the height of his career Itchō was exiled from the city of Edo for more than a decade—his crime unknown, though rumors and speculations abound. In 1713, after his return, Itchō painted his iconic *Death of the Historical Buddha*, portraying the passing of Buddha from this earthly realm into the state of perfect peace.

Hanabusa Itchō 英一蝶
Japanese. 1652–1724

The Death of the Historical Buddha 涅槃図, 1713
Hanging scroll: ink, color, and gold on paper

Fenollosa-Weld Collection 1911.02.4225

Itchō'...
collect...
every...
Asian...
work...
2017,...
this ga...
Freer C...
Smiths...

Ichimonji and fūtai
- Blue-ground silk with supplementary weft in gold leaf on paper (*kinran*)
- Peony floral arabesque design

Suji
- Thin plain-weave silk dyed blue (inner) and light blue (outer)

Chūmawashi
- Multi-colored silk; originally red-ground silk (faded to orange), with weft threads in green, navy, pink, white, and gold-leaf on paper
- The design is peony flowers on a background of interlocking circles

Sōberi
- Japanese damask silk (*donsu*)
- Dark blue ground with large peony arabesque design in pink-grey (originally more red in tone)

能看出这是“传达室”吗?
凸显了“城市雕塑”的特点
与公园主题完全合拍

雕塑公园给游客的感觉

更像是对工业文明的一种反思

每一件艺术作品

立意虽然不同

有的指向人心

有的指向人与人的距离

有的指向人与自然的关系

有的指向空无

在具象与抽象之间

游客获得了一些未可名状的感悟

雕塑公园里的托儿所
地上铺满了天然的木屑
和自然完全打通
让孩子们与自然玩耍在一起

好一座“人民的皇宫”

——图书馆

色彩

是波士顿图书馆的亮点

彩色的地毯

彩色的墙

彩色的书架

让你沉浸在一个五颜六色的世界

心生愉悦喜乐

慢慢遁入书的国度

色彩，让人阅读欲大增的色彩

知识的穹顶虽高，有小绿灯引领

最难忘记那小小绿灯

让我想起冰心笔下的小桔灯

古朴的铜质灯座

在图书的殿堂里

一抹葱绿

那么沉静可人

那么珠圆玉润

那就是读书者的神灯

formation

Children's LIBRARY

BEEN HERE ALL ALONG
LABYRINTH LOST

EXIT
EVACUATION
ROUTE

读书读倦了，来个葛优躺

以往亲历的一些图书馆
椅子只管能坐
只管正大庄严
仿佛面对自己
仍须正襟危坐、神色凛然
波士顿的图书馆
坐具形形色色
色彩多变
让人感到可亲可近
可坐可卧
这样地令人放松
很容易忘却自己
与书神交

在这里
妈妈带着娃娃
随意地坐下
或者让娃娃们自己读
大人们闲坐闲话
或者和孩子一起
坐在大大的沙发里
来一段温馨的亲子阅读时光

A Gift to the Children of Boston

MARGRET AND H.A. REY ROOM
Stroller Parking

少年们的多媒体角落

这个角落
是孤独的少年
一起分享球赛与大片的地方
这样的时刻
既飞速流逝
又弥足珍贵
这样的角落
让迷茫的困顿于自我认同的
少年时代
充满了存在感

半私密的谈话区，黑板兼作隔断

感 知

无处不在的“看不见的手”

——商业

AND
MORE...
BOOTH # 161
20%
OFF
OVER $10.00
BOB DYLAN
CHRONICLES
20TH CENTURY
DESIGNERS
LIFE
Newsweek

宛如超市的『二手』市场

旧货店的外墙
一场涂鸦的狂欢
四五层楼高
顶天立地的各种画像
猛看像动物庄园
近看，有人跑进了动物世界
其中寓意
是在说明什么？

We speak for those who can't.
ANTIQUES

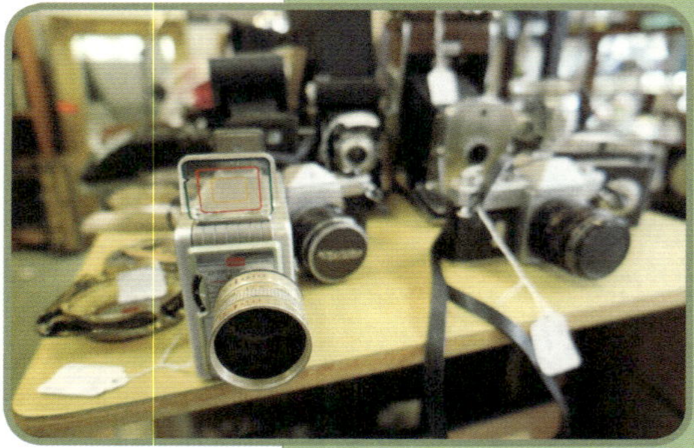

旧货店一应俱全
旧首饰、旧器皿、旧工具……
挨挨挤挤的旧物
分门别类
杂而不乱
无人监管
无人咨询
明码标价
无从议价
顾客只需要根据自己的判断
决定是否购买
这种自助式的购买模式
比看人下菜、坐地起价
更为高效和规范

特斯拉新技术展示

在波士顿商业区
不经意中看到的新科技展示
就有好几场
对科技文明的带头垂范
为这个古老的城市
不断注入活力与生机

虚拟视觉商店吸引行人无数

商场里的视觉品牌屋
以虚拟的商品场景
吸引好奇顾客驻足
科技确实引领着
各种有形无形的风尚

GIRLS

THE VIRT
BRAN
HOUS
SEE THE STO
BEFORE IT'S EVE

由政府牵头

每周三上午固定开展的

农产品集市

是对当地农户和农业的有力支持

新鲜的土特产

在此交易

是市民的福祉

意大利餐厅里的历史痕迹

身临其境
感觉波士顿黑手党餐厅
就是一个噱头
可是能够把这个噱头
做得如此周到
餐厅也就成了传奇
具有了莫名的号召力

在 N 个人的推荐下
我们来到了这个久负盛名的餐厅
寻访黑手党的传说
似乎虚张声势
又仿佛确有其事
一一浮现，夺人眼球
让人难辨真假

THE MOSLER SAFE CO.
HAMILTON, OHIO, U. S. A.

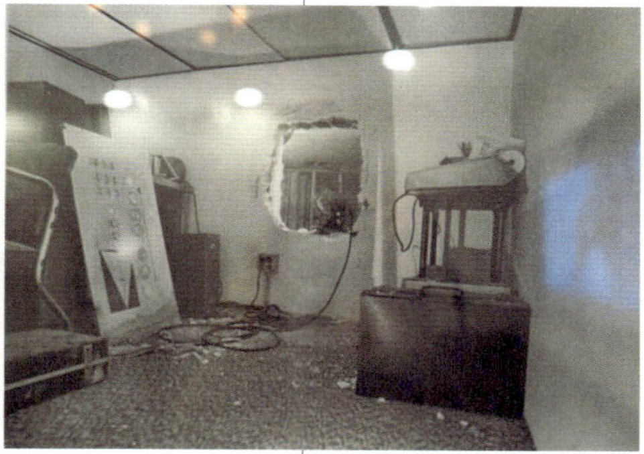

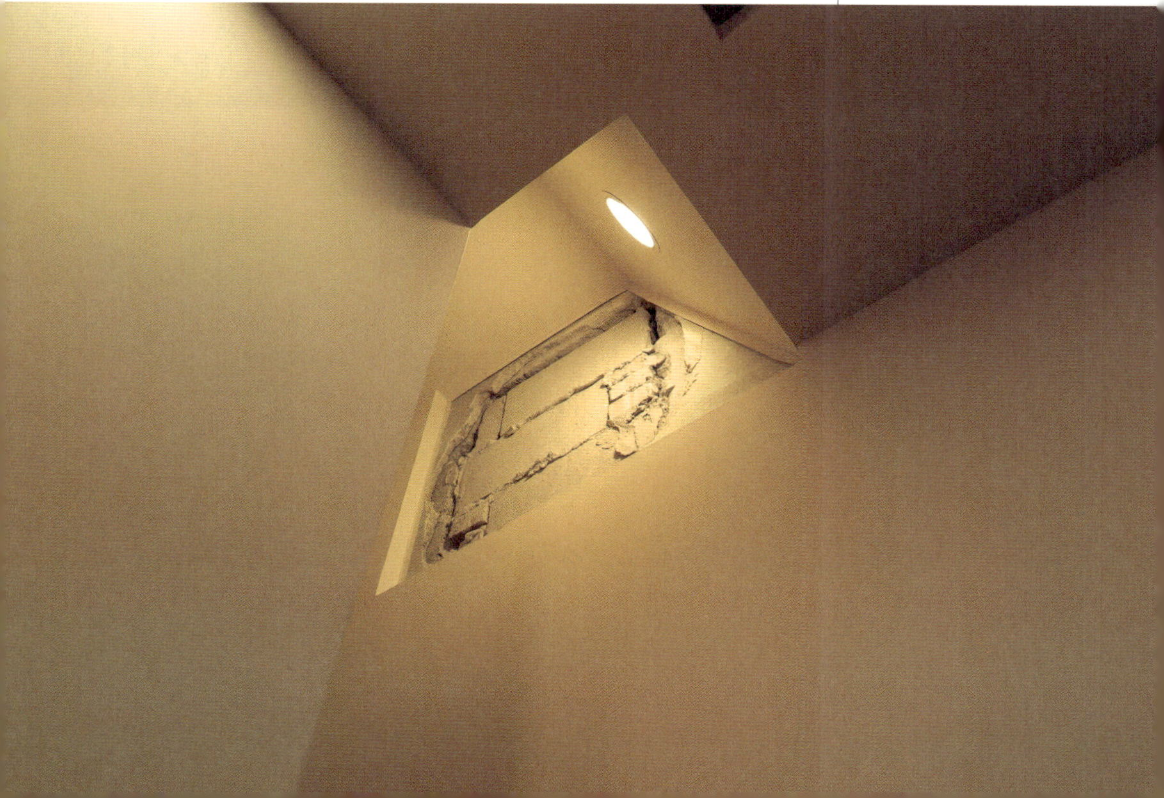

没见过黑手党
就去这家意大利餐厅吃顿饭吧
这里曾经是个金库
被盗贼精心算计而失窃
餐厅即便开着灯也比较昏暗
仿佛可以放心地接头
尽管饭菜乏善可陈
这些看点也让人不虚此行了

书店

不会只有一种面孔

——书店文化

BARNES & NOBLE
BOOKSELLERS

美国最大的实体书店

商场里的书店没太多个性
讲究的是中规中矩

何时开门、何时关门
免费 WIFI、相关网站
一块大大的牌子
让你一目了然
黄昏时分
华灯初上
书店里人流涌动

OPEN
EVERY DAY
Mon-Sat 9am-9pm
Sunday 10am-8pm
bn.com Open 24 Hours
FREE
Wi-Fi
No Fees. No Charges. Just Log On.
Local Interest

旧书为主的格调书店

正走着革命之路

刚路过梅西百货

闹市街头

旧书店招牌忽入眼帘

一片装修乱象之中

胡同深处

旧书店诉说昔日荣光

CONSTRUCTION SALE
20% OFF
YES WE ARE OPEN!
Boston Book Fair

Franklin
JOSEPH BRANT
Birds of America

No need to lug books around. We ship everyday via the USPO and UPS. Save tax, save luggage room.

Sorry. Our quirky space is without a restroom facility.

ILAB LILA

POETRY A through M

POETRY M through Z and anthologies at the end

COMMONWEALTH BOOKS

BLACK WIDOW PRESS

SHARP

书店老板不在
收银台亮着旧式的灯盏
古色古香的陈设
带出旧时的气息
到处都是层层叠叠的书
到处都是踽踽独行的孤本
于人迹罕至的逼仄中
抖落一身尘埃

自助捐赠图书处

在波士顿街头

随处可遇自助捐赠图书的设施

物质的繁盛

让图书这种智慧与文明的载体

具有了更大的流动性

而不只限于图书馆

散播着一种 FREE TO ALL 的自由气息

散发芬芳并引人注目

左手历史，

右手设计

——城市交通

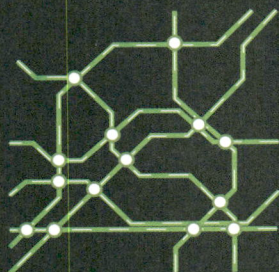

四色的文化意义

- 红线：最初红线从哈佛站始发，所以用了“哈佛红”
- 蓝线：当时蓝线从 Revere Beach 开始，经过 Boston Harbor 底下，自然就用了海的颜色
- 绿线：绿线当时的运营路线沿着波士顿的绿化带——翡翠项链，所以用了绿色
- 橙线：这条线路过那时候最热闹的片区 Washington St，而 Washington St 以前被称作橙街（Orange Street）

foodler
THE MOST RESTAURANTS
FOR DELIVERY IN BOSTON.
PARK STREET
PARK STREET
ALL TRAINS

omfort.
It!
MATTERS
LEEPYS
STOP

地铁呼啸而来

而后人们在铁轨上自由穿行

如履平地

省了地下通道、天桥或立交

是因地制宜的良方

在波士顿

乘坐水陆两用船是独一无二的游览方式

生活需要艺术

艺术照亮生活

小小的设计

将街边拴自行车的栏杆

玩出许多名堂

简单、活泼、有趣

停车场立着一件艺术作品

是美国队长吗?

展现

工业设计高度的文明

——公共设施

残疾人停车位和电梯

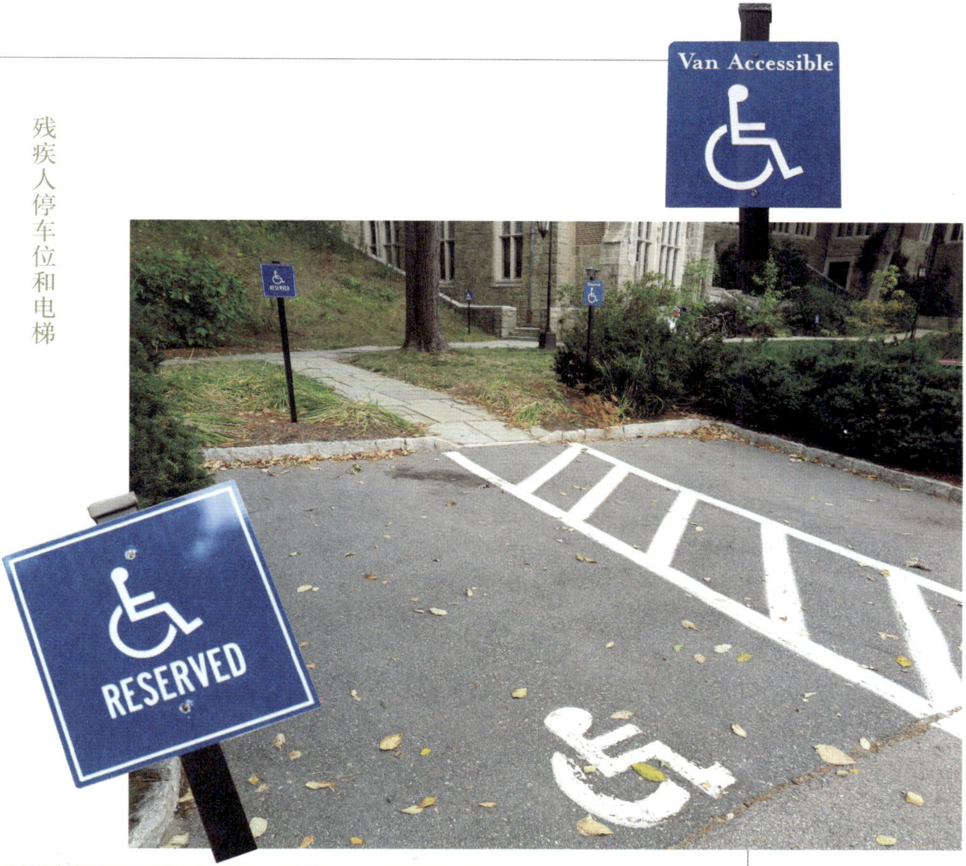
Van Accessible
RESERVED

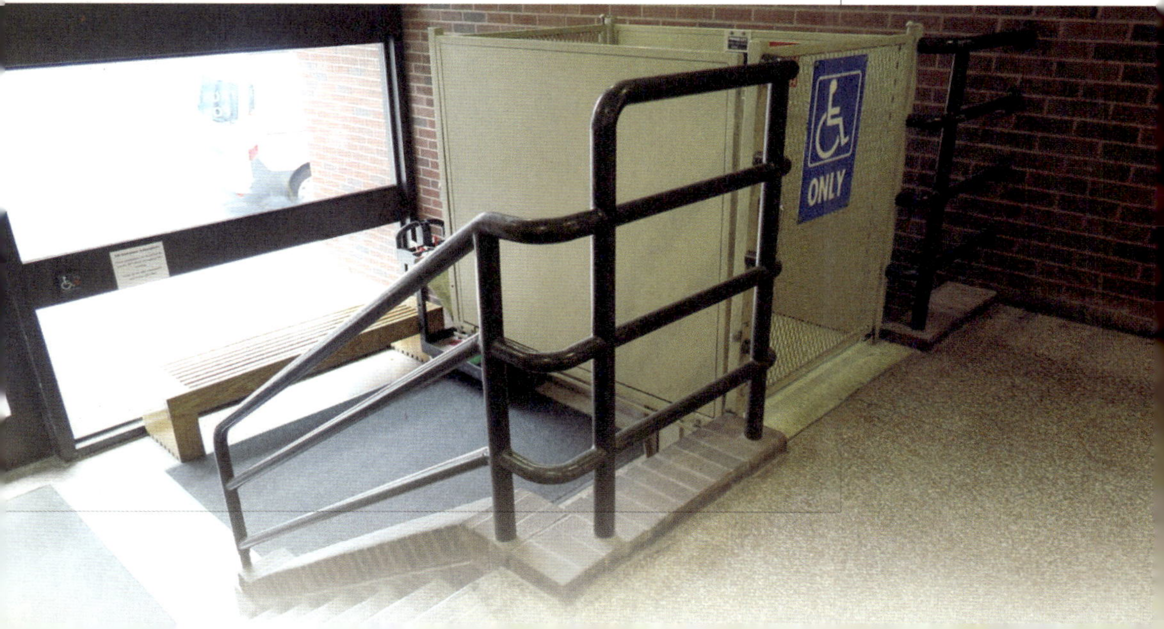
ONLY

RECYCLE: PAPER
PAPER & CARDBOARD
RECYCLE: COMMINGLED
NO LIQUIDS PLEASE!
PLASTIC
BOTTLES
CANS & FOIL
PAPER & CARDBOARD
COMMINGLED

PLASTIC BAGS ONLY

其他地方的垃圾桶
色彩不那么斑斓
而女校的
不仅样式活泼
还走出了小清新的路线
精致又美貌

TRASH
COMPOST

WASTE
COMPOST
RECYCLING
YES
plastics #1-7
glass bottles
aluminum
paper
NO
plastic bags
styrofoam
food waste
candy wrappers
COMPOST-ABLES
TRASH

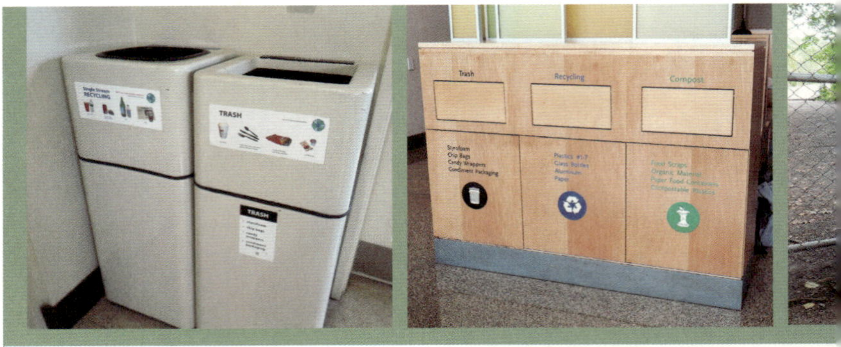
TRASH
Trash
Recycling
Compost

FOOD ONLY
TRASH
RECYCLING
MIT RECYCLES

VECTOR
USDA ORGANIC
purity organic
ORANGE CARROT TURMERIC MANGO
superjuice
A BLEND OF FRUITS, ROOTS, VEGGIES, AND SPICE

YOU MIGHT BE HIGH.
YOU MIGHT BE AFRAID.
IF YOU SEE AN
OVERDOSE
CALL 911
SI VE UNA
SOBREDOSIS
LLAME AL 911
impulse

TO PEDESTRIANS
IN CROSSWALK
$100 FINE
FOOD ONLY
What goes in foodwaste?
TRASH
What goes in the trash?
RECYCLING
What goes in recycling?
Paper and cardboard
Metal cans and aluminum foil
Plastic bottles and containers
Glass bottles and jars
Empty your food and drink containers!
TRASH
SINGLE STREAM
RECYCLING
MIT REC

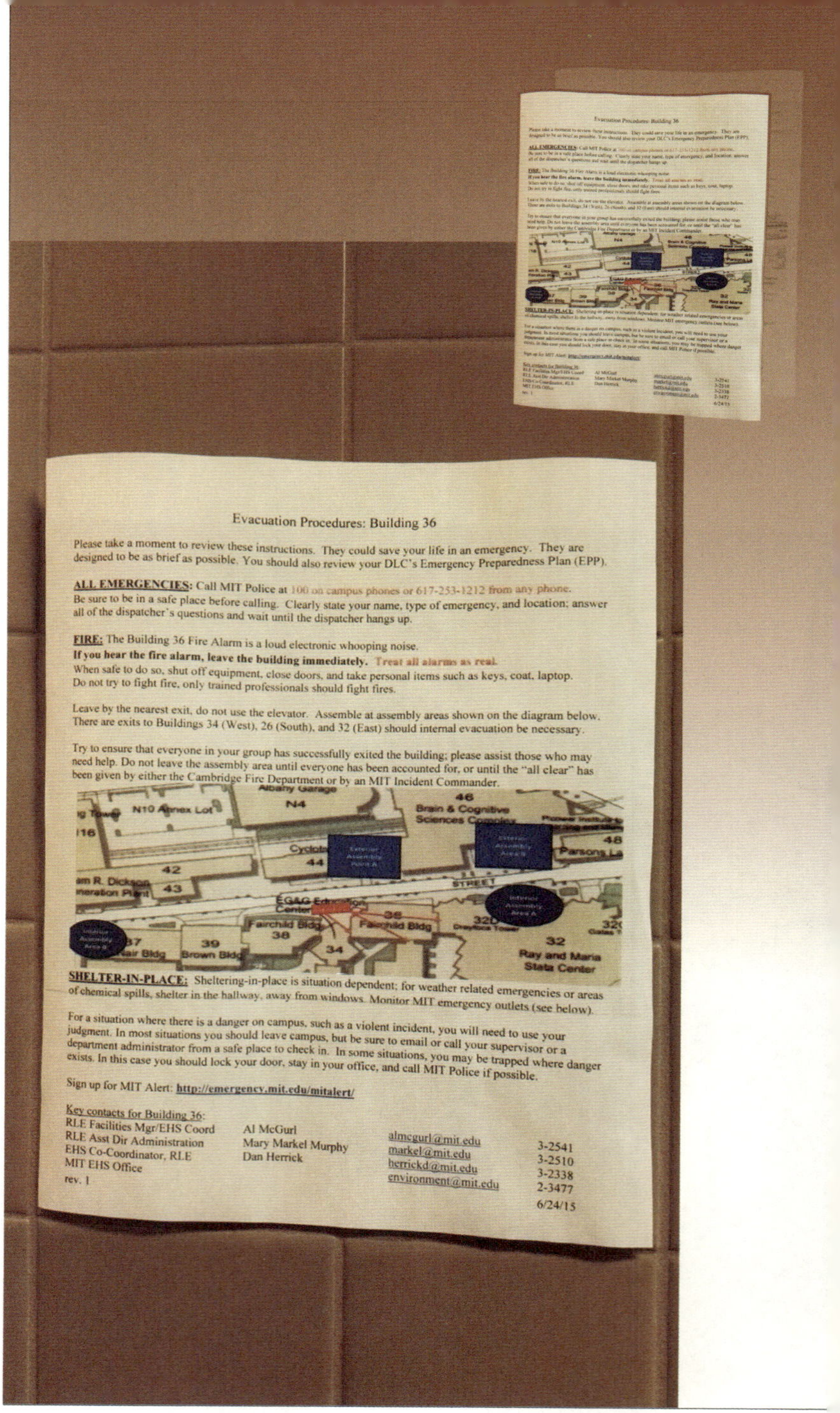
Evacuation Procedures: Building 36
Please take a moment to review these instructions. They could save your life in an emergency. They are designed to be as brief as possible. You should also review your DLC's Emergency Preparedness Plan (EPP).
ALL EMERGENCIES: Call MIT Police at 100 on campus phones or 617-253-1212 from any phone.
Be sure to be in a safe place before calling. Clearly state your name, type of emergency, and location; answer all of the dispatcher's questions and wait until the dispatcher hangs up.
FIRE: The Building 36 Fire Alarm is a loud electronic whooping noise.
If you hear the fire alarm, leave the building immediately. Treat all alarms as real.
When safe to do so, shut off equipment, close doors, and take personal items such as keys, coat, laptop.
Do not try to fight fire, only trained professionals should fight fires.
Leave by the nearest exit, do not use the elevator. Assemble at assembly areas shown on the diagram below. There are exits to Buildings 34 (West), 26 (South), and 32 (East) should internal evacuation be necessary.
Try to ensure that everyone in your group has successfully exited the building; please assist those who may need help. Do not leave the assembly area until everyone has been accounted for, or until the "all clear" has been given by either the Cambridge Fire Department or by an MIT Incident Commander.
Albany Garage
N10 Annex Lot
N4
46
Brain & Cognitive Sciences Complex
48
42
44
43
STREET
EG&G Education Center
36
Fairchild Bldg
38
39
Brown Bldg
34
32D
32
Ray and Maria Stata Center
SHELTER-IN-PLACE: Sheltering-in-place is situation dependent; for weather related emergencies or areas of chemical spills, shelter in the hallway, away from windows. Monitor MIT emergency outlets (see below).
For a situation where there is a danger on campus, such as a violent incident, you will need to use your judgment. In most situations you should leave campus, but be sure to email or call your supervisor or a department administrator from a safe place to check in. In some situations, you may be trapped where danger exists. In this case you should lock your door, stay in your office, and call MIT Police if possible.
Sign up for MIT Alert: http://emergency.mit.edu/mitalert/
Key contacts for Building 36:
RLE Facilities Mgr/EHS Coord Al McGurl almcgurl@mit.edu 3-2541
RLE Asst Dir Administration Mary Markel Murphy markel@mit.edu 3-2510
EHS Co-Coordinator, RLE Dan Herrick herrickd@mit.edu 3-2338
MIT EHS Office environment@mit.edu 2-3477
rev. 1
6/24/15
Evacuation Procedures: Building 36

MIT 大楼的洗手间里张贴着逃生『宝典』

街头公共卫生间不输日本

别以为就日本人追求细节
看看这个卫生间
哪里输给日本
话说日本二战后
都是学习美国的
也说明了美国人对细节的推崇

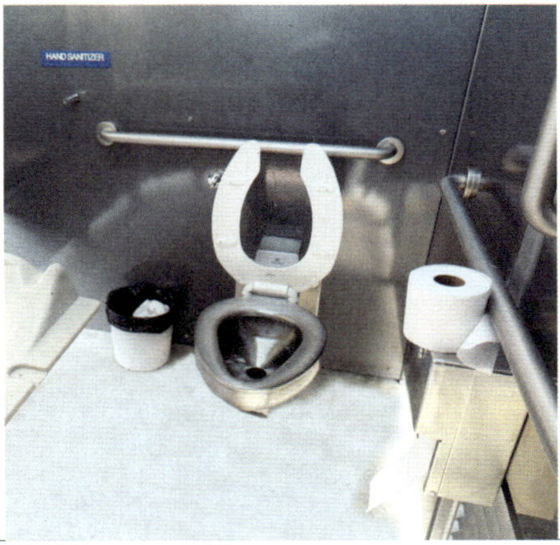

街边的自助修理设施

自助修车桩
各种工具一应俱全
没人偷窃和破坏
给人稳稳的安全感

路灯 +360° 探头 + 报警器

按一下红色按钮就能够报警

有盲文标识

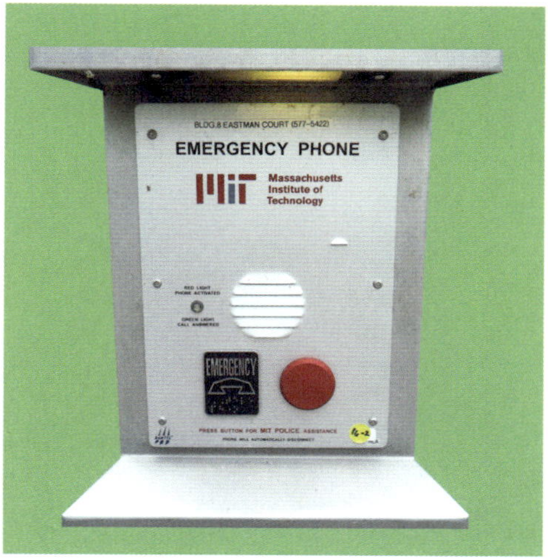

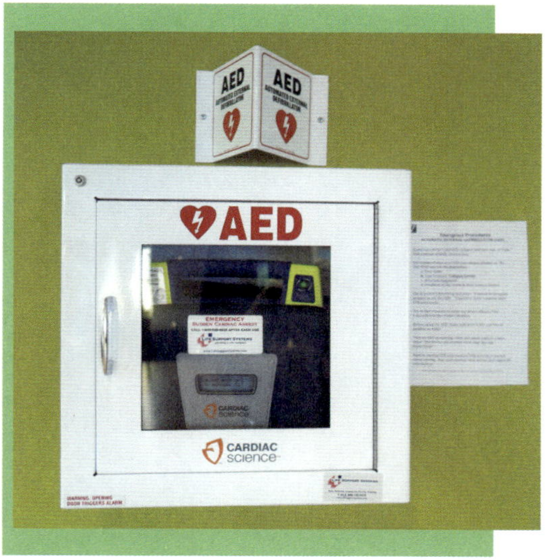

STEAM

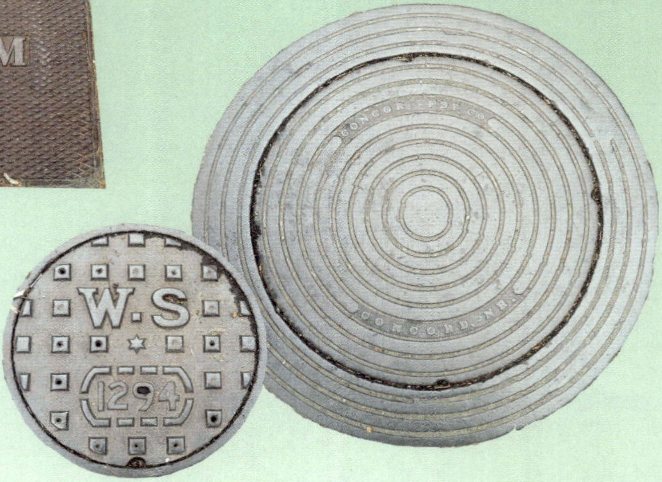
W.S
1294

September Program
THE THOREAU SOCIETY
SHOP AT
WALDEN POND
IS OPEN DAILY
10:00-6:00
SEPTEMBER Program
Special Event

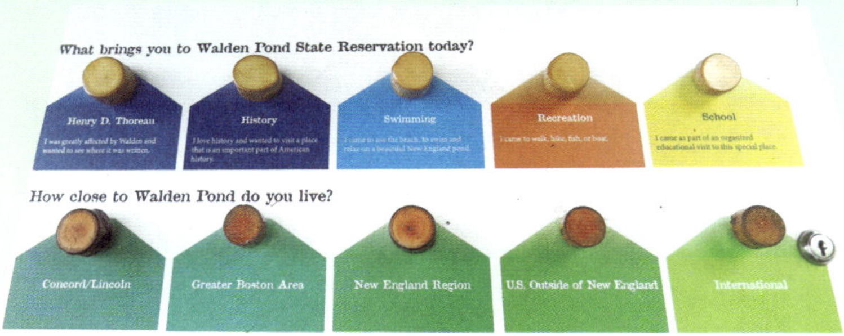
What brings you to Walden Pond State Reservation today?
Henry D. Thoreau
History
Swimming
Recreation
School
How close to Walden Pond do you live?
Concord/Lincoln
Greater Boston Area
New England Region
U.S. Outside of New England
International

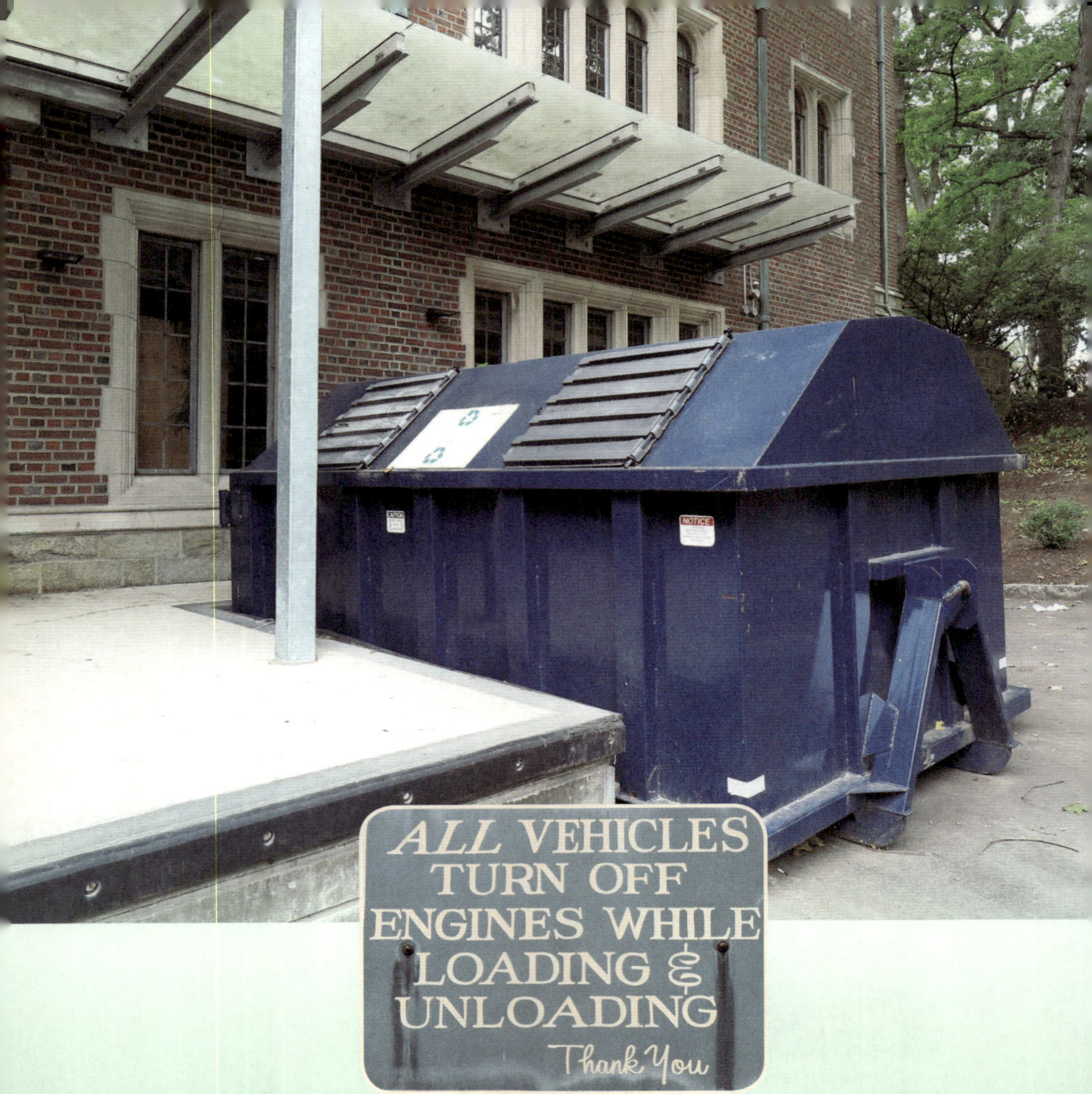
ALL VEHICLES
TURN OFF
ENGINES WHILE
LOADING &
UNLOADING
Thank You

卸货警示：

“不论卸货与否，请关掉引擎”

历史、文化

与自然生灵的协奏曲

——公园和公墓

如果狗狗可以跟随它的主人
大摇大摆进入公园
那么公园马上面临巨大的危机
狗和鸭子、松鼠展开大战
所以狗不得入内

小鸭子有出处

波士顿画家罗伯特·麦克洛斯基
创作过一本经典童书《给小鸭子让路》
（*Make Way for Ducklings*）
讲述一群慢吞吞的野鸭子
在波士顿市民的爱护下穿过车流
成功从查尔斯河边走到波士顿公园安家
波士顿人以这个故事为豪
雕塑家将故事里的鸭子们制成铜像
放在波士顿公园池塘边
成为波士顿的形象大使

神气的鸭妈妈叫马洛得太太
离马洛得太太最近的鸭宝宝是老大
总是贪吃的鸭宝老二
老实的老三、胆小的老四
骄傲的老五、心不在焉的老六
乖乖宝老七
还有掉队的老八
看他急成什么样了

墓碑

可以奢华繁复

可以简约朴素

可以突出个性

甚至成为一条长凳

Mount Auburn 的墓地

风景秀丽

可以俯瞰波士顿

许多哈佛大牛都长眠于此

科学史创始人萨顿

伦理学家诺奇克

《正义论》作者、著名政治哲学家罗尔斯……

KRAMER

JONES

如今甜蜜的 SWEET AUBURN

已经是一个尘世的天堂

它是人们眺望净土的花园世界

陈列的小册子都是围绕墓园的连续性读物

告诉你四季如何游园

五岁的娃娃如何游

十岁的孩子如何游

俨然成了一座乐园

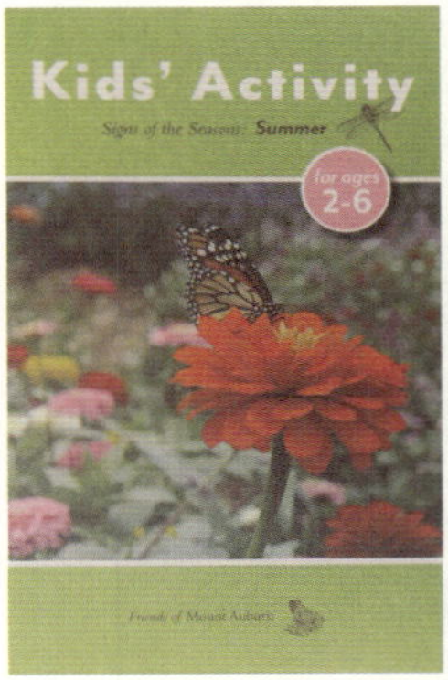

Sweet Auburn
Sweet Auburn
Sweet Auburn
Imagining the Cemetery as Museum
Life of a Slave Girl
Consecration Dell
The Baker Chocolate
Horatio Greenough
The Nature Connection
An Outdoor Workbook
Kaufman Field Guide to Insects of North America
Operating Manual for Spaceship Earth
African American
To Free a Family
Red-Tails in Love
Visitor Resources
Carry On, Mr. Bowditch
Bark
Kaufman Field Guide to Butterflies of North America
Display Copy
Insects & Spiders

Kids' Activity
Mount Auburn Family Nature Guide
for ages 6+
Welcome to Mount Auburn Cemetery
580 Mount Auburn Street
Text and illustrations by Clare Walker Leslie
Friends of Mount Auburn

• MAP •
Mount Auburn Cemetery
A National Historic Landmark
Visitors Welcome
Mount Auburn Cemetery
580 Mount Auburn Street
Cambridge, MA 02138
617-547-7105
www.mountauburn.org

当你需要和城市保持一点距离
做一点遐想和哲思
墓地是最好的场所
因为它穿越古今
你可以和历史上的哲人
入流的人
不入流的人
一一拜会
一一神交

墓地园艺美轮美奂，投入不菲

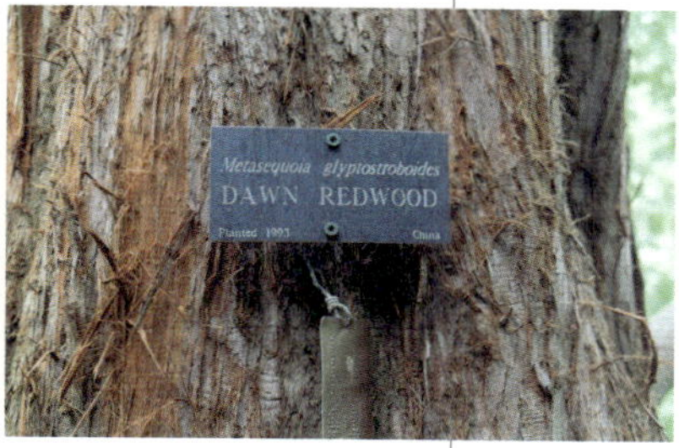

墓地的各种园艺
被精心地维护
区区几十英亩的墓园
最少有三百位园艺工人
在细致呵护
游人只看到完美的墓园
想不到
付出的代价
唯有如此的用心
才能凸显墓园的文化和意义

REFLECTIONS

"Its banks are shaded with hardy oaks...the best time for observing it is at sunset, while the reflective qualities of the water are increased."

— *Mount Auburn Memorial, October 12, 1859*

Mount Auburn Cemetery created Auburn Lake in 1857-59 by dredging a peaty bog called Meadow Pond. It added a decorative bridge over the narrow portion of the lake in 1858. The promenade around the lake became one of the Cemetery's most scenic attractions. Today, with the granite edging removed, the banks of Auburn Lake provide year-round natural beauty and an attractive habitat for wildlife.

Look for other displays near's banks at the lake's south end and on either side of the bridge.

▲ **North Basin of Auburn Lake Looking south, ca. 1870**
Notice construction work on the Receiving Tomb in the hillside to the end of the bridge.

生态

让动物怡然自得

——生态

韦尔斯利女校的野天鹅

墓园的火鸡
有种自得的尊贵之感
仿佛她们是凤凰
没有被奉上餐桌的顾虑

小松鼠
是波士顿的精灵
据说因为伙食太好
常常被养成了“龙猫”
而且因为繁殖迅速
竟成了“鼠害”

城市是一个容易给人水泥森林之感的地带
水面作为缓冲
是一个与自然接轨的好地方

波士顿公园的野鸭
完全没有
对人类的戒心
仿佛它们依然是
城市的主角

且行

且注目

——点点滴滴的小惊喜

两位游学异域多年
在波士顿街头重逢的
广东老同学
就这样为对方停留
于波士顿郊外安顿他们的身心
相守田园是一种多美的缘分
一桌一椅一茶一生
余生可以垂钓看雪
也可以看满山红叶
更可看顽皮柴犬环绕身前
至于儿孙满堂
那是后话暂且不表

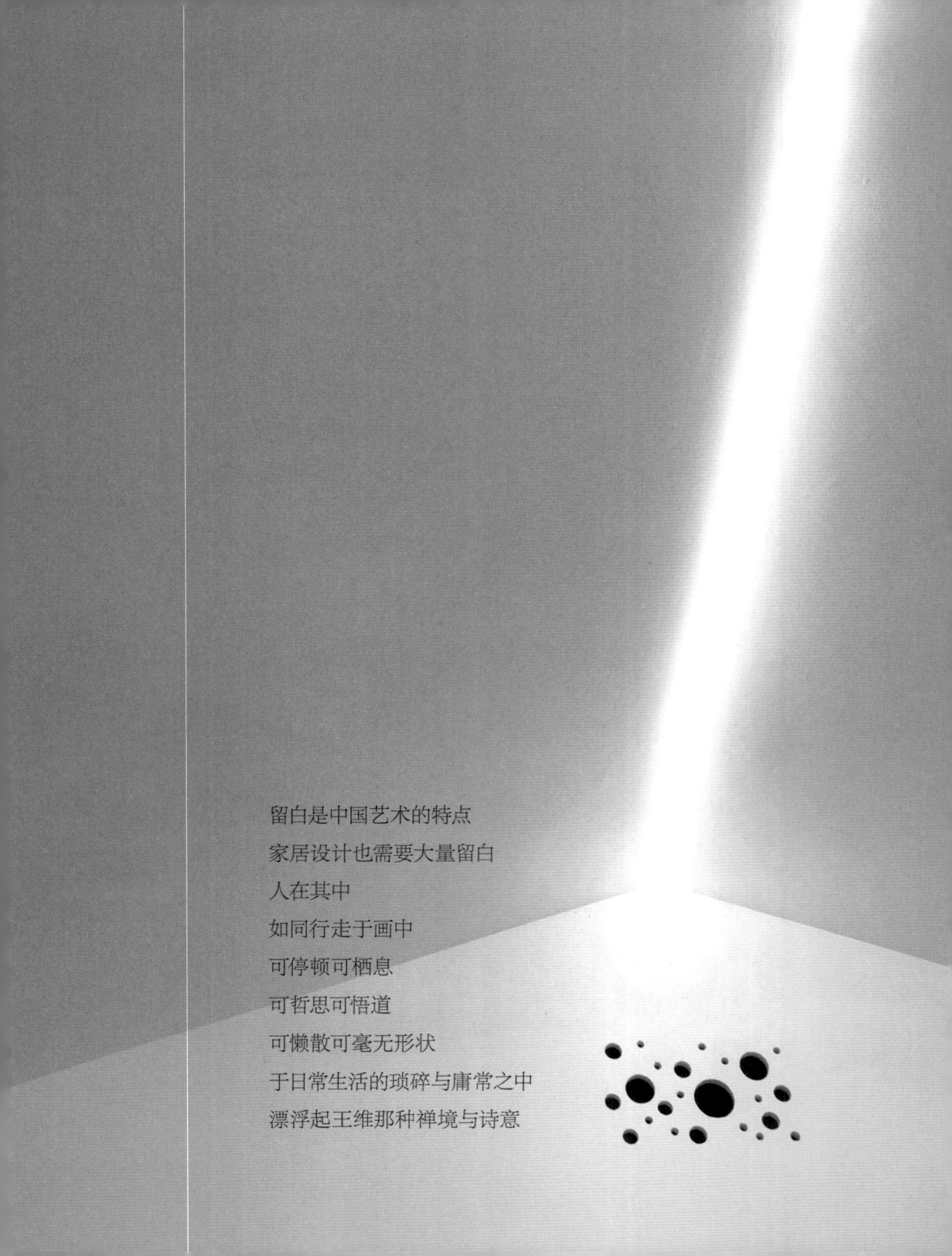

留白是中国艺术的特点

家居设计也需要大量留白

人在其中

如同行走于画中

可停顿可栖息

可哲思可悟道

可懒散可毫无形状

于日常生活的琐碎与庸常之中

漂浮起王维那种禅境与诗意

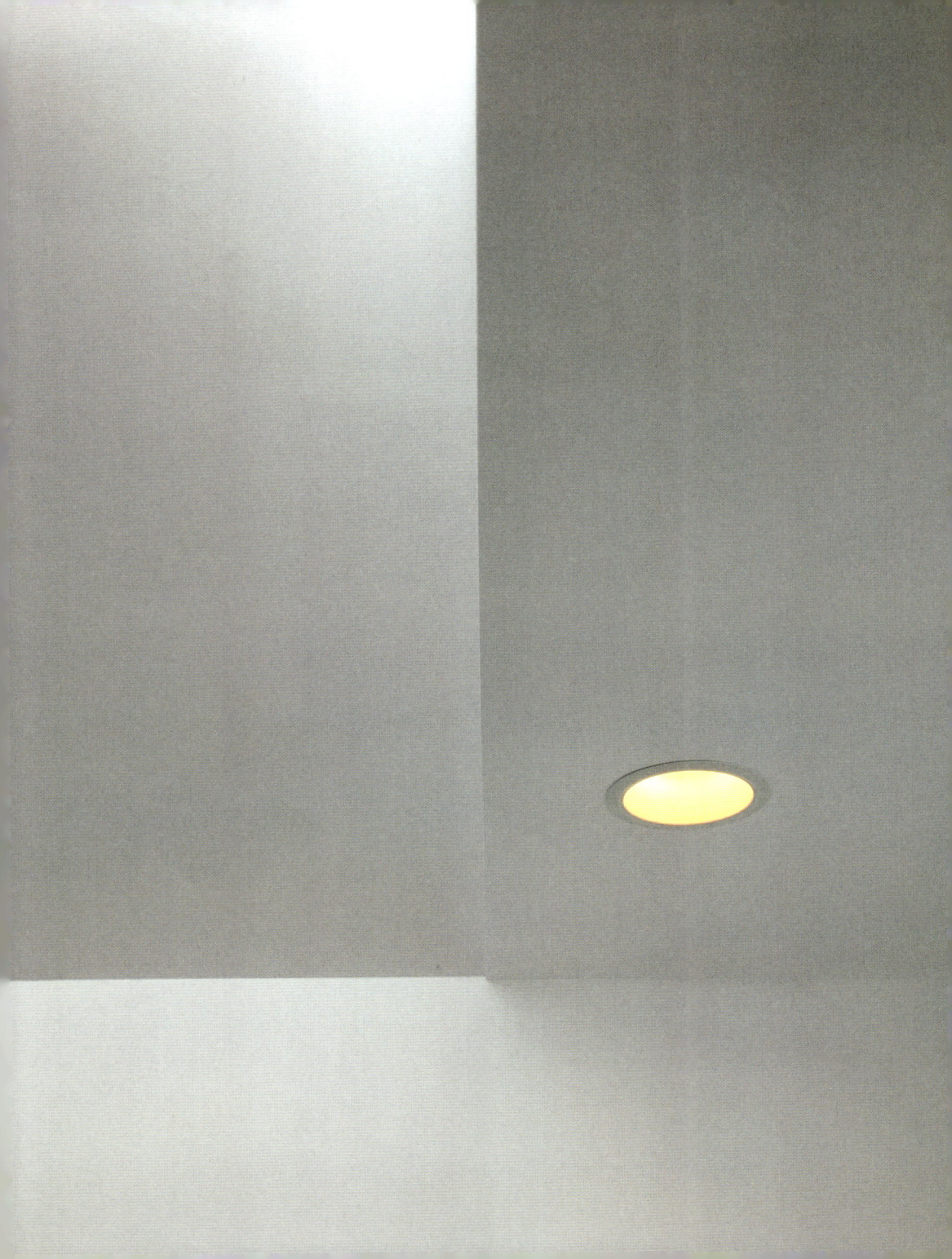

93-3

沙发

或者怀旧迷离引人遐想

或者古色古香精雕细刻

或者温馨可人色彩鲜艳

或者就是要拗出非让你坐下来不可的造型

图书馆一侧
有没有让你想起
“所谓佳人
在水一方”

等待开馆的小姑娘
是清晨的一首赞美诗

浓浓的树阴
沉醉在
自己的倒影里
向永恒致敬

杰出的华人终身教授
用庆祝学生毕业晚宴上的香槟酒瓶
来纪念每一个毕业的研究生
她忙碌的背影里
透着真理一般的朴素

办公室因为这些瓶子熠熠生辉
某个瓶子所代表的学生
也许就是未来的某位大科学家

独具匠心又爱心满满
生活从不缺乏诗意
只是缺乏寻找诗意的眼睛
科学的路艰苦卓绝
更加需要诗意的充盈与浸润

你看，你看哈佛校长的脚

一只闪闪发亮的脚
摸一下，可否带来好运？
这所为全世界所敬仰的顶级学府
人们跨越五湖四海
走过千山万水
也要殷切地向她表示
发自内心的顶礼膜拜

Gift of the first class of the
MIT Sloan Executive MBA
Mens et Manus
MIT EMBA
2012

某班给母校送了把椅子
他们善于赋予普通的事物
以特殊的、意想不到的、耐人寻味的
丰富含义

花花绿绿的钢琴

由市民捐赠

由艺术家涂鸦

波士顿正在开展寻找街头钢琴的活动

即兴演奏还有奖励哦!

华人学者眼中的波士顿

杨扬

作者介绍

杨扬，华东师大中文系教授、博士生导师，《华东师大学报》（哲社版）主编，上海作家协会副主席。

哈佛访书记

哈佛访学一年，有许多难忘的事，其中之一就是买书。国内去的访问学者大多很珍惜在哈佛大学的学习机会。像我们这些做人文学术研究的，第一念头便是了解美国人文学术界的最新动态。所以，一般的去处，是参加各种学术活动，听各种学术报告，与国外同行交流；或者跑图书馆，查阅最新出版的各种学术著作。

但慢慢的，我的想法有所变化。毕竟新书，或者有学术创见的新书不可能大批量地出现，而且，作为人文学术大国，美国学术很难用一种价值标准来勾勒它的走向。与其花很多时间听报告，还不如留一点时间，搜集一些国内不易见到的图书资料。除了图书馆，我对书店情有独钟。最初是在哈佛广场周围的几家书店逛逛，慢慢地扩展到波士顿市中心的几家旧书店，另外像中心广场、波特广场和戴维斯广场周围的旧书店，都时不时地去光顾。

这种逛书店的经历，我感觉是一种很好的学习。哈佛周围的书店，学术书很多，品种也很齐全。最大的书店是 Coop Book Store，这里可以买到各种最新的英语学术著作和文艺类书籍。我通常是晚饭后去那里独自消磨时光。像文艺理论、文化研究、传记、畅销书等，几乎第一时间都能看到新书上架。另外一个看新书的去处，是 Harvard Book Store。虽说书店规模没有 Coop 大，但专题性很强。印象最深的是城市研究和文化研究栏目，经常有新书上架。书店的地下室，销售折扣书，不少新书以很便宜的价就能买到。像雷蒙德·威廉斯的《关键词》，我是用了 8 美元在这里买的，其他像《福柯读本》、波德里亚的几种著作、布尔迪厄的著作，也都是在这里买到的。新开张的 Crow 书店

和 Duck 书店是很好的去处。Crow 书店是一个折扣店，设在地下室，专卖学术书。美国城市文化研究专家大卫·哈维、曼·卡斯特和法国城市文化研究专家列斐伏尔的几种著作，都是在这里购得的。大概美国人买书一次不会很多，有一次我介绍燕京学社的十多位学者去买书，一次结账竟近千元，让老板高兴坏了，忙递给我一张购书优惠卡。后来我需要买什么书，他也乐意帮助进货。Duck 书店与 Crow 书店的差异在于前者专卖旧书，正像店名所标示的，是 Old and Rare Book Store。的确，这里有些旧书非常珍贵。譬如费孝通先生签名送给怀特海的英文书，这里就有，只是价钱在四百美元左右。有一次一位上海作家来访，我陪他光顾书店，这位作家很崇拜拉美作家博尔赫斯，书店老板竟然拿出了博尔赫斯的签名本，那是博尔赫斯自己印制的送朋友的书，而且因为他视力很差，几近失明，所以，书上签名的字很大。书店老板是一位对学术研究有兴趣的人。哈佛一些名教授过世，他会去府上收购旧书。我在书店见到不少罗尔斯的藏书，这些书价几十美元到几百美元不等，有不少地方罗尔斯都做了眉批。我翻过罗尔斯收藏的卡西尔的《启蒙哲学》，罗尔斯在书上做了很多批注。还有耶鲁的新批评家保尔·德·曼的藏书，他的藏本中有哈罗德·布鲁姆的《影响的焦虑》，曼在书中也有大量大段的批注，有几处还用铅笔划上大大的叉，让人联

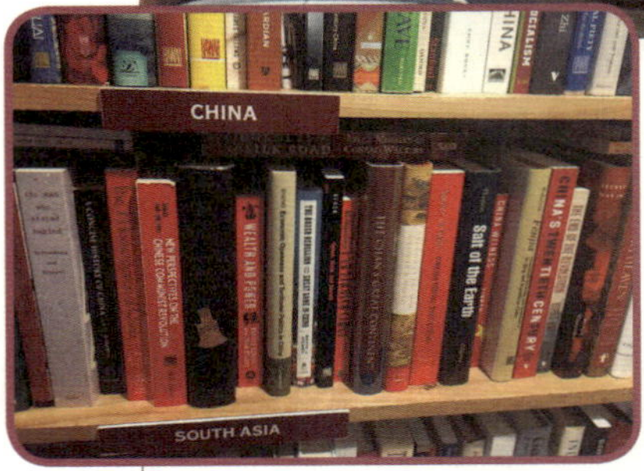

想到曼在阅读时的激动情绪。从研究的角度看，这些藏本都是很值得关注的第一手研究资料。如果是专做这方面研究的学者，那是应该购买的。清华大学的万俊人教授是罗尔斯《正义论》的中文译者，当时也在哈佛，我曾经向他介绍过这批罗尔斯的藏书，建议他去看看。

波士顿城中的旧书店常常让我流连忘返。那里有两家。一家在老教堂的地下室，城市研究、亚洲研究和思想史研究方面的书很齐全，在那里见到福山的《历史的终结》、杨联升的英文著作。我曾以 5 美元的价钱购买了凯文·林奇的《城

市意象》，以 15 美元的价购买了爱德华·纽顿的《聚书的乐趣》（全书共五卷，旧书店只有前三卷）。还有一家旧书店靠近波士顿绿地，规模更大，上下两层。亚洲研究方面的书很全，费孝通的英文著作、台湾影印的在华基督教会一九二三年年鉴、陈翰笙的《中国农民研究》英文初版，以及《金瓶梅》英译本等都有出售。中央广场也有几家书店很有特色。其中一家书店出售很多电影、音乐方面的书籍，还有精美的画册，价钱出人意料的便宜。像毕加索、莫奈等人的大幅画册，不到 30 美元就可以购买。我买到最便宜的莫奈画册是 12 美元。

印象中最遗憾的是一部关于西方藏书票的论著兼画册，大开本，印制极其精美，要价 43 美元，几次经过都下不了决心购买，最后还是留在书店了。回国后很多次，在梦中都呈现出这本书，我想哪天再去波士顿，一定要把它买回来。中央广场有一家宗教书店，也有特色，搜罗了各色宗教方面的图书，还有一些是关于亚洲研究的旧书。在那里我用 5 美元买到了周策纵先生的英文本《五四运动》。在逛书店时，我留心国内影响较大的一些西方思想人物的书籍。譬如海耶克的书，几乎在所有新旧书店中都没有见到过。有些书，譬如像伊塞尔·伯林的书，折扣书店中数量不多，销售速度也并不理想，有不少书还是我陆陆续续买走或介绍国内访问学者买走的。但有一些书却是很旺销，如福柯的作品。我第一次到 Harvard Book Store 去时，还有一大摞，等几天后我陪朋友们去选购时已经销售一空了，而同一套读本丛书中的《E·P·汤普森读本》《阿尔都诺读本》《萨特读本》《雷蒙特·威廉斯读本》等都还有。其他像英国哲学家波普尔的书，定价都很高，而且销路不错。几次都是觉得书价太高，犹豫两天，再去时就不见书的踪影了。法国哲学家列斐伏尔的书也是如此。

在哈佛访书时，最让我想不明白的，是哈佛大学出版社门市部的购书经历。去哈佛前，朋友就告诉我应该到那里看看，有些新书又便宜又好。所以，到哈佛报到的第一天就去了。书店平时顾客不多，只有一位老人看门。喇叭里播放着西方古典音乐，环境显得相当幽静。书店最中间有一排书架，放着哈佛大学出版社出版的各种书籍，书价一般都在15美元以下。我选购了李欧梵的《上海摩登》、麦克尔·哈特的《帝国》、史华慈研究严复的专著。大概每本都在10美元左右。有意思的是，旁边的书架，就放着原价出售的书，《上海摩登》和《帝国》等，好像都要30多美金，而同一书店内，同样的书，折价后只要原价的三分之一。我想原价的书在这里怎么卖得出去呢？我好奇地问门口的老人，他说他也不知道为什么这样。《上海摩登》的中英文内容差不多，但前言还是不同。英文前言省略了很多要感谢的中国学者的名字，想必李欧梵觉得写这么多中国人的名字，美国人也不知道，还不如不提罢了。哈佛大学出版社门市部对我们中国人文研究者来说，是应该去看看的，因为美国亚洲研究中心有一个出版机构，虽不是正式的出版社，但它挂靠哈佛，出版亚洲研究的系列丛书，这些学术书在美国研究界一向被认可。在哈佛出版社门市部能够见到这套丛书中的很多种，像研究钱锺书的专著，像梅仪慈研究丁玲的专著，还有一本专门研究晚清上海报纸的专著（作者好像是德国海德堡大学瓦格纳教授的学生）。这些书在美国的一般书店中很难见到，就是上亚马逊网上书店，也不一定找得到，但在这里却很全。只是书价并不便宜，一般都要四五十美元一本，近些年出版的可能要70多美元。哈佛和波士顿周围有很多的书店，如果方便，跑跑看看这些书店，随便翻阅各种书籍，也是很长见识的。我曾经问过一位在波士顿长久居住的中国学者，这里附近到底有多少书店？

他告诉我：不好说。因为经济不景气，很多小书店随时都会关掉。但冷不丁，哪天经过某个街区时，会见到新开张的书店。这种喜悦对于生活在漫长冬季中的波士顿爱书者来说，犹如见到了春天的信息，有一种融融的暖意。

李若虹

作者介绍

李若虹，博士，毕业于哈佛大学中亚研究系，现任哈佛燕京学社副社长。她是《在牛津和哈佛求学》一书的作者，也是约瑟夫·洛克的传记《苦行孤旅》的译者，并以中英文发表学术论文和随笔多篇。

布拉特尔书店

20多年前刚来波士顿求学时，常常会在周末搭乘地铁到城中溜达。波士顿市不大不小，正适于周末来闲逛。在Downtown Crossing，从华盛顿街一拐入西街，就有一家叫布拉特尔的旧书店（Brattle Book Shop）。即便是初来乍到波城的外乡人，也不难找到这家书店。那时去过几次，还曾花了5美元购得一大开本的十三世达赖喇嘛年代的西藏摄影集，爱不释手，珍藏至今。后来，有了车子，不再坐地铁去城中了。又有了孩子，添了房子，就更没时间了。似乎再也顾不上来城中闲逛更顾不上进旧书店翻书了。于是，布拉特尔书店也就被甩到了脑后。

不久刮起了亚马逊旋风。转眼，剑桥哈佛园周围的书店，尤其是旧书店，纷纷倒闭。眼见日益萧条的书市，我猛然想起布拉特尔书店，可安然无恙？时下放长假，百无聊赖之际，上城中转转，看看西街的布拉特尔书店还在不。坐上红线地铁，出Downtown Crossing站，上华盛顿街，往右一拐入西街就看到了书店外墙上的作家壁画。书店还在！时光依旧，过去的20年凝于一时。

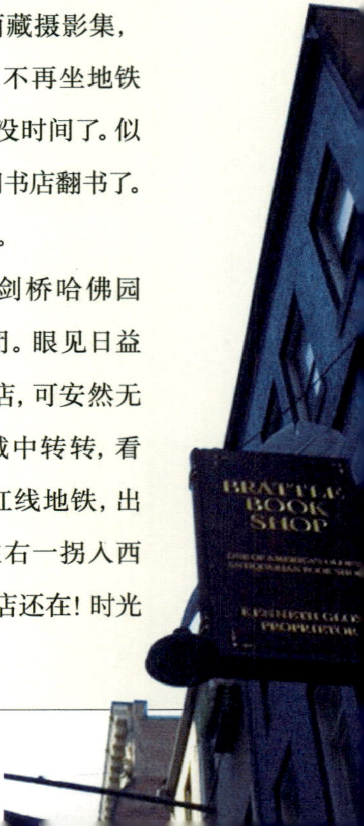

布拉特尔书店历史悠久，早在 1825 年就开业了。最早位于波士顿玉米丘区的布拉特尔街。后来，城建不断，这一街区翻新，布拉特尔街早就隐没于高楼间了。书店老板肯尼斯·科劳斯介绍，他的父亲乔治·科劳斯在 1949 年从当时业已破产的书店老板那里接管过来以后，这家书店就由科劳斯家拥有，亲自掌管至今。1949 年以来，波士顿城建日益频繁，书店前后搬迁过 7 次，不过，其中的沧桑巨变发生在 1982 年。那倒不是城建所致，而是在 2 月的一天凌晨 4 点，科劳斯一家被电话惊醒。原来，书店惨遭火灾，原有的木质结构的书屋连同数万册书一夜间化为一片废墟。

4 年后，新的书店就在废墟旁建成。这也就是现在这家书店所在，而原来的废墟之处就是现在户外摆放散架书的地方，任读者在露天自行翻阅，每册书的售价 1 到 5 美元不等，看中进屋付费即可。

肯尼斯年幼就随父亲乔治在书店里玩耍、转悠。据他父母说，牙牙学语时，肯尼斯说的第一个字就是“书”。提起这桩轶事，肯尼斯自讽说，这说法确实有些玄，不过他承认，儿时父母言谈中的确离不开有关书的话题。他在波士顿市拉丁中学毕业以后上了麻州大学。毕业后本来计划到威斯康星大学专攻化学，但不巧父亲身体欠佳，于是只好先留下来帮忙张罗书店。想不到从此就没再离开过这家书店，一晃过去了40年！他的太太原来是在书店帮忙的一名伙计后来和肯尼斯成家后，两人一起经营书店。于是这家书店堪称一家夫妻老婆店。

布拉特尔书店有3层的布局20多年来几乎没多大变化。第一层出售的书籍是有关波士顿以及新英格兰地区的地方史和设计、烹饪、艺术史、建筑史、军事史等主题，也有文学批评和诗歌方面的。二楼有世界文学、游记、宗教和哲学、美国史、社会学、政治学、商业、法律等专业书籍，也有园艺学、自然科学和天文等学科的书，还有不少有关写作的专著。一楼通往二楼的狭窄的楼道边墙上贴满了历年来书店出售的善本书的

大幅海报，其中包括1906年出的亨利·戴维·梭罗著作的手稿版、玛格丽特·米切尔著的《飘》的首印版和J.D.塞林格著的《麦田里的守望者》的首印版等等。而三楼是出售善本书的场所，读者只需把随身携带的背包寄存在书店的前台，便可以进去随意浏览和翻阅。

和 20 年之前相比，书店整齐多了，原来一进门琳琅满目的《国家地理》等杂志和大堆书现在都不见了，所有的书都上了架。虽然没有在旧书堆里翻书的惊喜，但是为饶有兴趣的读者带来了很多便利。多年没来，这一次我还注意到书店进门处添了一个橱柜，陈列着几本精选的善本书。即便是并非显学的中亚研究，布拉特尔的书架上不乏一流书。仔细一瞧，单就与中亚探险和考察有关的书籍，书店竟然收藏有斯文·赫定的好几本，包括他的罗布卜湖游记和由瑞典文译来的英文版自传。我在三楼善本架上还第一次看到他著的《热河》一书，可谓惊喜的新发现。特别值得一提的是书店里有关 19 世纪末 20 世纪初、甚至更早期的西方人游历西藏的游记收藏之全，实为难得。

这个年代能看到旧书店依然故我，实在勉为其难，而又令人钦佩。说起网络时代的书店，肯尼斯深知，即便具有悠久历史、独特经营风格、忠实的读者、一流的货源和读者对书的品味，但是作为书商，他必须正视时代带来的挑战。过去眼见邦诺书店就要在街区几步之遥开张，肯尼斯就会觉得不适，但是渐渐也就习惯了。而今，亚马逊无孔不入，经营实体书店几乎成为历史。

布拉特尔书店能生存至今，不仅在于其悠久的历史、开放的经营网络和一位富有经验的亲手掌管的老板，还有一个非常重要的经济原因就是老板拥有这家书店的地产，没有支付租金的商业压力。他直率地说，网络售书带来的压力是许许多多其他书店不敌亚马逊的根本原因。仅仅是波士顿城中寸土寸金的地租就使得实体书店入不敷出，资金告罄而倒闭。

上海有福州路，北京有琉璃厂，东京有神田神保町，可是波士顿并没有一个书店聚集的街区。哈佛广场原来书店密集，但是最近 15 年来逐年减少，现在能撑住门面的是哈佛园边上、麻省大道上的哈佛书店（Harvard Bookstore）和 COOP 书店，由哈佛这家大门面撑着。原来剑桥褚山街上偌大的一家二手书店早就关闭了，而 20 年之前保街上的那家专售亚洲学专题的书店开张没几年就悄无踪影。麻省大道和布拉特尔街之间的帕尔默街和教堂街交叉口处曾有一家环球书店（Global Bookstore），专售世界各地的地图和旅行指南，曾是校园周围我最喜欢的一家书店，同样逃脱不了倒闭的厄运。

经过几十年的折腾，肯尼斯却能识时务，深知书商不能无视网络时代对传统书店的挑战。他说，这是一股无人能阻挡的潮流，除非有一天，我们大家全都切断电源！因此他的活动范围不仅仅局限在书店。他和波士顿的公立图书馆有着密切的联系，频频在各家分馆举办活动，还是州里善本书评估委员会的董事会成员，常常受邀鉴赏古书。他的活动范围早已远远超出这家书店。酒好不怕巷深，人们纷纷前往他的书店咨询藏书的真伪和价值，请他帮忙索取善本。布拉特尔书店早已不仅仅是出售旧书的场所，而是古书爱好者们分享家珍的中转站。正如他所说，在这个信息技术时代，如果一个星期内书店在业内悄无声息，人们就开始冷落以致于遗忘。因此，经营书店的同时，他不时外出参加波士顿地区甚至全国范围的公立图书馆系统的活动，参加电视台出售家藏古董的评估和介绍活动。此外，他还欣然出任波士顿地区的哈佛大学、麻省理工学院等多家大学图书馆善本书的鉴赏人。

最近，肯尼斯应邀来到了我们镇上的公立图书馆演讲，介绍布拉特尔书店的藏书和他收购、出售二手书的经历。这是他维持这家书店的运转、业务和声誉的诸多努力之一。他特别强调，布拉特尔书店不仅仅是读者可以购得自己心仪的二手书之处，而且还承载着厚重的波士顿地区的地方史和新英格兰的出版文化，是我们了解读书史和出版史的好去处。多年来，这家书店一直尽其所能把过去近200年的阅读史和书店业活生生地展现在读者眼前。读者依然源源不断，忠诚的老顾客某一天生病来不了时，甚至会特意给书店打电话告假。肯尼斯饶有兴致和我们分享多年来登门造访藏书家鉴赏藏书的乐趣，除了慧眼识宝物色不少善本书之外，他还为主人道出藏家的其他古董。肯尼斯每到一处演讲，最重要的内容就是结束时他会义务为前来参加的读者鉴赏他们带来的藏书。读者们人手一书，排着长队，一一等着他的青睐。书一上手，肯尼斯前后翻阅一番，不管是旧版的圣经，还是德语版的儿童插图读本，他在两三分钟内就能大致说出书的版本和相关的出版背景以及收藏价值。无疑，肯尼斯为维持这家旧书店的生机而付出的竭诚服务正是亚马逊网店所无法替代的。

如今布拉特尔书店依然在波士顿城中的西街开着。真是一家店的坚守，要靠数代子孙的努力。

琳琳

琳琳，2008 年毕业于芝加哥艺术学院艺术管理与政策专业，获硕士学位。现居纽约，为《艺术世界》《上海艺术评论》《澎湃新闻》等媒体撰写当代艺术展览批评以及艺术市场深度报道。

作者介绍

一个周末，三个美术馆

9月底，用一个周末的时间探访波士顿的三个美术馆。

星期五下午下了班，从纽约的宾夕法尼亚火车站坐火车沿着美国东部海岸线往北三四个小时，就到了新英格兰重镇波士顿。虽然在美国历史上的地位显赫，近半个世纪来波士顿在美国政治经济生活中的地位逐渐落后于纽约、洛杉矶和华盛顿等地。不过，波士顿至今是美国平均受教育程度最高的地区之一，哈佛、麻省理工等重要学府让城市充满了浓厚的书卷气，文化艺术的氛围也相当深远。

星期六一早，在波士顿初秋清冽的空气中，我按计划前往著名的波士顿美术馆（Museumof Fine Art, Boston，以下简称 MFA）。MFA 始建于 1870 年，现今藏品多达四十五万件，是美国第四大美术馆。其实，在一个纽约客的眼中，MFA 只能算作中等规模的美术馆,不过与纽约大都会艺术博物馆一样，都是"百科全书式的"博物馆，展品时间跨度达数千年，从古埃及到古印度，从东亚到非洲，从欧洲中世纪到美国殖民地时期，涵盖了多个文明。馆内的结构是垂直的，同一区域的主题向上延伸，一楼的亚洲艺术画廊头顶上还是亚洲艺术，欧洲艺术之上还是欧洲艺术，各主题在地图上用颜色区分，让观众一目了然，不容易迷路。从入口处的阶梯拾级而上，一抬

头就看到出自 19 世纪美国艺术家萨金特之手的穹顶画，取自希腊神话的题材与美术馆古典主义的建筑相吻合，人物造型优美，设色淡雅；穹顶之下的一圈画廊陈列着艺术家创作初期素描稿，让人一睹大师的构思过程。

MFA 建馆之初，正值欧洲印象主义艺术的形成发展期，因此，这一派别的收藏十分丰富。一间题名为“莫奈（Monet）”的展厅里展示着莫奈的作品《睡莲》《教堂》《干草堆》，虽然尺幅不大，却十分耐看。而后印象主义大师高更那张著名的大画《我们从哪里来？我们是谁？我们往哪里去 》（D’ouVenons Nous?QueSommes Nous?O ù Allons Nous）

也收藏于此，偌大的展厅里空荡荡的，比起纽约的美术馆内人头攒动不知道要舒服多少倍。左上角高更用金色的颜料写着“我们从哪来，我们是谁，我们往哪里去”，表达了艺术家在世纪末的彷徨心情。

2009年来波士顿出差间隙我曾经匆匆到访过MFA，彼时馆内的扩建工程尚未完成；这次得以从容地一睹全貌。2010年11月落成的美国艺术展厅与2011年9月开放的当代艺术展厅与老馆的古典建筑结合过渡得十分妥帖。不过这样的玻璃屋顶中庭也似乎在近年来成为美国美术馆的“标配”，高阔的内部空间，明亮的光线，适合举办活动与大型装置艺术展。MFA委托美国当代艺术家戴尔·奇胡里（Dale Chihuly，我一向在私下称作“奇狐狸”）为新展厅专门创作的玻璃艺术作品《柠檬绿色的冰柱塔》(Lime Green Icicle Tower),如同一株遭到太空辐射变异的植物直指云霄。

徜徉在MFA里,一些看似不经意的细节引起了我这个美术馆爱好者的兴趣:展厅中供休息的长凳都根据该展厅的艺术品主题而设计,形状各异,有不少还是委托艺术家定制的;一个小角落里挂了一张美国艺术家的油画,画面上的枝繁叶茂与窗外花园里真的植物相映成趣。除此以外,还有两个开放式艺术品修复工作室(conservation workshop),一中一西,因为是周末休息而空着,如果是平时,观众则可以亲眼看到艺术学者和工作人员修复古画、清洁工艺品的过程,为神秘的美术馆幕后工作揭开了一层面纱。

MFA不容错过的作品还有:《橡树山房》(Oak Hill Room)向观众展现了美国19世纪新英格兰地区富有人家的室内陈设,

粉色的墙面织物十分柔美；美国艺术家托马斯·苏里（Thomas Sully）描绘美国独立战争的鸿篇巨制《勇渡德拉瓦尔河》

(The Passage of the Delaware)，吉尔伯特·斯图尔特（Gilbert Stuart）未完成的开国总统乔治·华盛顿夫妇像，萨金特的《爱

德华·达雷·博尔特的女儿》(The Daughters of Edward Darley Boit),印度的象头神(Ganesha),等等。

在 MFA 里一连走上了几个小时、享受视觉大餐之后，可以来到室外以日本枯山水为主题的“天心园”歇脚。这座小巧的花园位于美术馆西北角，由京都造园名家中根金作设计，1988 年落成之后免费对公众开放，天气晴好的时候坐在里面看书实为一桩乐事。

从波士顿美术馆位于芬伟大街(Fenway)的北门出来往南走，不远就是著名的伊莎贝拉·嘉德纳美术馆(Isabella Stewart Gardner Museum，以下简称ISG)。1860年，纽约富家女伊莎贝拉·斯蒂瓦特(Isabella Stewart)嫁给了波士顿的世家子约翰·洛威尔"杰克"·嘉德纳 (John Lowell "Jack"Gardner)。婚后夫妇琴瑟和谐唯一不足的是嘉德纳夫人在幼子夭折之后，一直未有生育。拥有骄人的财富却膝下无子，嘉德纳先生在打理生意之余就携妻环球旅行；除了挚爱的意大利，嘉德纳夫妇的足迹还远至中国和埃及。在艺术家朋友的帮助下，他们开始收藏艺术品，逐渐累积起一定数量的古典大师作品和世界各地的工艺品。

ISG的建造却是开始于嘉德纳先生逝世之后。嘉德纳夫人不惜重金聘请建筑师，又花大价钱从意大利进口建筑材料，精心打造自己梦想中的美术馆。与MFA庄严典雅、"殿堂式"的新古典主义建筑不同，ISG就像是一栋意大利的别墅。嘉德纳夫人在建造之时就打定主意这里将成为她的私人美术馆，因而室内的层高超出一般住宅，光线也十分讲究，别墅中的庭院铺上了她从意大利买回来的古董马赛克，再加上精心布置的植物配上潺潺的水声，绿意盎然的环境使人如同置身于托斯卡纳地区的宫殿。

ISG的收藏中有波提切利、提香、伦勃朗等文艺复兴古典大师的杰作，也有萨金特、安德斯·佐恩(Anders Zorn)等近代艺术家为嘉德纳夫人所画的肖像。我们来得不巧，二楼的画廊因维修无法开放，错过了米开朗基罗的素描、鲁本斯和拉斐尔的肖像。然而更加错过的是在1990年ISG一场离奇的失窃案中的13幅作品，包括一件荷兰艺术家维米尔的油画《音乐会》(The Concert)，堪称无价之宝。这件无头案至今未破，失窃的画作估价总共高达五亿美元。美国联邦调查局的网站上赫然公布着五百万美元的悬赏——给提供有效线索找回画作的人，引发了不少艺术爱好者与业余“福尔摩斯”的兴趣。既然是私人住宅型的美术馆，ISG就不像一般美术馆那样在四白落地的展厅里陈列艺术作品，而是让艺术品与壁纸、花瓶、家具、地毯等室内设计元素配套，营造出沙龙的气氛。每间展室的作品也不是按照时间或者地域来分配，而是讲求对比、并置的效果，让不同时期、不同风格的作品互相对话，给观众带来不同寻常的视觉印象。三楼展厅中，提香的名作《欧罗巴》(Europa)悬挂在绛红色的背景之下，面前有意大利巧匠制作的扶手椅，另一边墙上是西班牙大师委拉斯开兹的《西班牙国王菲利普四世像》(King Philip IV of Spain)。而另一间“哥特室”(Gothic Room)内陈列有中世纪的珍宝箱、骑士铠甲、宗教圣像；萨金特为嘉德纳夫人所画的几乎与真人等大的肖像栩栩如生，一本厚厚的四角镶有金属的古书让我想起《哈利·波特》系列里的“妖怪书”。嘉德纳夫人逝世后，ISG遵遗嘱成为公共非盈利性空间，向公众开放。历届策展人尽力保持故居的原貌，让观众看到嘉德纳夫人的苦心经营，ISG故居这一部分也获得了“宫殿”(Palace)的昵称。

2012年，由意大利著名建筑师伦佐·皮亚诺(Renzo Piano)设计的ISG新馆(New Wing)竣工，为美术馆增加了举办音乐会与临展的空间，工作人员也得以搬进现代化的办公室。新馆还设有教育空间、礼品店和餐厅，为社区和儿童提供寓教于乐的活动。一般美术馆附设的餐厅咖啡馆不过是些应景之作，ISG的“G咖啡”（Café G）却是一家很棒的意大利餐厅，颇受来访者的好评。下午两点，我们在此享受了惬意的一餐：佐餐的橄榄酱口味咸酸，十分开胃，水牛乳酪蔬菜沙拉健康又美味，芝麻菜沙拉配鸡蛋为主料的法式咸派更是让人大饱口福。这样美味的

一餐为我们第一天的美术馆之旅画上了一个完美的句号。

星期天上午，我们乘车越过查尔斯河，来到哈佛大学所在的剑桥镇（Cambridge）。在连锁快餐店 IHOP（国际薄煎饼饼屋 International House of Pancakes 的缩写）吃了一顿有培根和煎蛋的美式早餐，继而穿行在校园中，仿佛回到了学生时代。

在常春藤盟校中，哈佛大学的美术馆（Harvard Art Museums）以馆藏丰富、藏品质量优良而闻名。今天的哈佛美术馆主要由三个重要的私人收藏组成：始建于1895年的福格美术馆（Fogg Museum）以西方艺术为主；1901年成立的布希－雷辛格尔美术馆（Busch-Reisinger Museum）专注于北欧以及德语国家的艺术；而由亚瑟·撒克勒（Arthur Sackler）博

士捐赠成立、1985年开放的亚瑟·撒克勒美术馆(Arthur A. Sackler Museum)则以东方艺术为主。三组收藏相互补充，为哈佛美术馆的整体收藏奠定了坚实的基础。

虽然规模不及波士顿美术馆，哈佛美术馆却给人麻雀虽小、五脏俱全的印象，一共五层的建筑，一至三层是展厅，上面两层是艺术教室、研习艺术品修复技术的实验室。美术馆

的藏品从古希腊陶瓶到美国当代摄影，从中国的青铜、玉器、唐三彩到伊斯兰建筑构件，从欧洲中世纪的宗教画到敦煌莫高窟壁画残片，从梵高到克利姆特，从普桑到波洛克，中外美术史上的各个风格派别应有尽有，俨然一部立体的教科书，让人感叹哈佛的学生，尤其是艺术史专业的学生，实在是太幸福了！

与嘉德纳美术馆一样，哈佛也延请了伦佐·皮亚诺的工作室担当扩建设计。皮亚诺一如既往地在原先福格美术馆的旧址上加上了玻璃屋顶，虽说创意已不新鲜，

PLEASE DO NOT TOUCH

效果却一点没有打折扣。四方形的内院加上了玻璃顶就成了一个中庭，既挡风遮雨又保证了充足的自然光线，屋顶上垂下的当代艺术作品与环境完美地融合在一起。不论是逛累了展厅坐在这里休息,还是带上厚厚的艺术史、笔记本在这里学习,都十分惬意。

美术馆一楼角落的咖啡室飘出一股温馨的香气，我们循香而入，坐在明亮安静的中庭喝完咖啡，结束了这个周末的美术馆之旅。

Luster Tiles in the Medieval Era

小贴士

波士顿美术馆 Boston Museum of Fine Art

地址：465 Huntington Avenue, Boston, MA 02115

开放时间：周一、二、六、日上午 10 点到下午 5 点；周三、四、五上午 10 点到晚上 10 点；元旦、爱国日、美国独立日、感恩节、圣诞节闭馆

票价：成人票 $25/ 人；65 岁以上成人 /18 岁以上学生 $23/ 人；7 ~岁青少年每天下午 3 点以后、周末、波士顿公立学校假期均免费，其余时间 $10/ 人；会员免费；6 岁以下儿童免费

伊莎贝拉·加德纳美术博物馆 Isabella Stewart Gardner Museum

地址：25 Evans Way, Boston, MA 02115

开放时间：周一、三、五、六、日上午 11 点到下午 5 点；周四上午 1 点到晚上点；周二闭馆；元旦、爱国日、美国独立日、感恩节、圣诞节闭馆

票价：成人票 $15/ 人；65 岁以上成人 $12/ 人；高校学生凭

学生证 $5/ 人；会员免费；18 岁以下观众免费；名字为“伊莎贝拉”(Isabella)的观众免费；美国军人与家属免费

哈佛大学美术馆 Harvard Art Museums

地址：32 Quincy Street, Cambridge, MA 02138

开放时间：每天上午 10 点到下午 5 点，主要节假日闭馆

票价：成人票 $15/ 人；65 岁以上成人 $13/ 人；高校学生凭学生证 $10/ 人；哈佛大学师生免费；18 岁以下观众免费；剑桥镇居民（需提供身份证明）免费；麻省居民（需提供身份证明）周六上午 10 点到中午 12 点之间免费